HERMANN UNTERSTÖGER

DA PLATZT DIR DIE HUTSCHNUR!

VERGNÜGLICHES AUS DEM SPRACHLABOR

Süddeutsche Zeitung Edition

Projektmanagement: Sabine Sternagel
Art Director: Stefan Dimitrov
Grafik und Satz: Matthias Worsch
Herstellung: Thekla Licht, Hermann Weixler
Druck- und Bindearbeiten: CPI – Ebner & Spiegel, Ulm

Printed in Germany
ISBN: 978-3-86497-077-1

HERMANN UNTERSTÖGER

DA PLATZT DIR DIE HUTSCHNUR!

VERGNÜGLICHES AUS DEM SPRACHLABOR

Süddeutsche Zeitung Edition

Inhalt

Inhalt

WAS DIE VOLLKOMMENHEIT der Welt angeht, so haben die Menschen sich in dem Punkt nie der Illusionen hingegeben, dass da nicht noch das eine oder andere verbessert werden könnte. Sie haben die Mängel ebenso früh wie klar erkannt, und da es schon immer in ihrer Natur lag, derlei Erkenntnisse auf ihren geistig-seelischen Gewinn hin abzuklopfen, haben sie auch keine Mühen gescheut, dem Übel einen Sinn zu geben. Was Philosophen und Theologen dazu eingefallen ist, lässt sich hier nicht wiedergeben, nicht einmal skizzieren. So viel aber kann verraten werden: Es waren nicht die schlechtesten Denker, die das in der Welt waltende Übel dialektisch zum Zeugnis für deren grundsätzliches Gutsein erhoben, ihm also einen durchaus respektablen Platz im Gesamtgefüge zugewiesen haben.

IN DIESEM KONTEXT sähen wir von der Süddeutschen Zeitung gern auch unsere eigene Fehlbarkeit, näherhin all die sprachlichen Schnitzer, die uns jahraus, jahrein unterlaufen: als Bausteine eines eigentlich als fehlerlos gedachten Blattes, als Stufen auf dem Weg zur Vollkommenheit. Verständlicherweise teilen nicht alle Leserinnen und Leser diesen unseren ontologischen Ansatz; einige von ihnen neigen sogar dazu, aus den misslingenden Details auf ein zum Scheitern verurteiltes Ganzes zu schließen. Jenseits solcher Spekulationen finden viele, dass ihnen für ihr gutes Geld ein fehlerfreies Produkt zustehe – ein in seiner Bodenständigkeit durchaus nachvollziehbares Argument, wobei wegen des Wortes *nachvollziehbar* hier schon mal auf die Seite 135 verwiesen sei.

DIE KLEMME zwischen Anspruch und Wirklichkeit hat uns vor beinahe vier Jahren bewogen, mit unseren Fehlern „offensiv umzugehen“, wie die dazu passende modische Floskel lautet. Die Gewissenserforschung wurde aus dem stillen Stübchen vor die Augen der Leserschaft gebracht, und zwar in Form des allwöchentlich erscheinenden Sprachlabors, in dem wir die Korrekturen aus dem Leserkreis aufgreifen und selbstkritisch bereden. Diese Selbstkritik ist indessen, um eine weitere Plastikfloskel zu gebrauchen, „keine Einbahnstraße“. Vielmehr nehmen wir uns die Freiheit, in strittigen Fällen auch die andere Seite der Medaille vorzuzeigen und unseren Sprachgebrauch gegen die Stimme aus dem Publikum zu rechtfertigen. Das hat nichts mit Besserwisserei zu tun, sondern mit der in unserer Redaktion oft anzutreffenden Überzeugung, dass im weiten Haus der Sprache auch das Unkonventionelle seinen Platz hat und dass der Regelverstoß von heute bereits morgen Teil dieser Regel sein kann.

DIE HIER VORLIEGENDE SAMMLUNG bislang veröffentlichter Sprachglossen maßt sich nicht an, ein Sprachführer im Sinn des Wortes zu sein. Allenfalls bietet sie einen Querschnitt durch das, was alltäglicher und gewiss zu verbessernder Sprachgebrauch in unserer und weiß Gott auch anderen Zeitungen ist – womit sie ja fast in den Rang der kleineren Zeitzeugnisse aufstiege. Was sie aber in jedem Fall leisten will, ist dies: erstens den Leserinnen und Lesern für ihren stets wachen kritischen Sinn zu danken und zweitens zu dokumentieren, wie die daraus erwachsenen Anregungen zu Buche schlugen.

ES WURDE DARAN GEARBEITET, in die Buntscheckigkeit der Originaltexte so etwas wie ein System zu bringen. Dennoch gibt es nach wie vor thematische Überschneidungen, Doubletten und vage Zuweisungen – eine Unordnung, die wir durch Querverweise zu unterlaufen suchen. Dass die zur Debatte stehenden Wörter mal durch Kursivschrift, mal durch Gänsefüßchen gekennzeichnet sind, sollte niemanden irritieren. Bei den meisten Zitaten wurde das die Verkürzung signalisierende „…“ zugunsten eines schöneren Schriftbildes gekappt.

München, im September 2012
Hermann Unterstöger

DIE WÖRTER UND IHR SINN

In diesem Kapitel soll unter anderem erörtert werden, ob Untiefen tief oder seicht sind. Ferner geplant: Ist Peter Scholl-Latour nun ein Fuhr- oder doch eher ein Fahrensmann?

1

OHNE KONKRETEN BELEG klagt Leser R. darüber, dass in unserem und anderen Blättern das Wort *verbuchen* – beispielsweise „er verbuchte den Punkt für sich“ – stets unkorrekt verwendet werde. Es ist nicht ganz klar, ob Herr R. das ernst meint, aber seine These geht dahin, dass *verbuchen* ähnlich pejorativ zu verstehen sei wie beispielsweise *sich verlaufen* oder *verdrehen* und dass es für den Sieger völlig ausreiche, den Punkt für sich zu *buchen*. (Da er in seinem Brief freilich selbst einmal „wenn ich mich verbuche“ schreibt, ist anzunehmen, dass er uns mehr Spaßes als Ernstes halber das Steinchen in den Hof geworfen hat.) Die gängigen Wörterbücher führen *verbuchen* im Sinn von *buchen/kontieren*, und es ist anzunehmen, dass das Präfix *ver-* hier die gleiche perfektierende Funktion hat wie bei *vermischen* oder *versinken*.

„O EWIGKEIT, DU DONNERWORT“ dichtete Johann Rist einst, und damit könnte es, was die Donnerworte angeht, sein Bewenden haben. Nun aber trat Leserin K. ein, wie sie pathetisch sagt, weiteres „Donnerwort“ entgegen: das auf die *Titanic* gemünzte Adjektiv „unsinkbar“. Wie Frau K. dazu ausführt, sind Adjektivbildungen aus dem Wortstamm von Verben und dem Suffix *-bar* nur zulässig, wenn es sich um transitive Verben handelt, die üblicherweise ein Akkusativobjekt nach sich ziehen: *Ich verzehre ein Schnitzel – das Schnitzel ist verzehrbar.* So gesehen sei die *Titanic* zwar *versenkbar* gewesen (der Eisberg *versenkte* sie), nicht aber *sinkbar* beziehungsweise, wenn sie oben geblieben wäre, *unsinkbar.* Da hat Frau K. im Kern recht, und dass sich mit den Adjektiven auf *-bar* „bequem ganze Sätze zusammenraffen“ lassen, hat schon der Sprachwissenschaftler Rudolf Hotzenköcherle anerkennend festgestellt. Nun gibt es allerdings auch Derivate auf *-bar*, die von intransitiven Verben hergeleitet werden. In ihnen drückt sich, so Wolfgang Fleischer in seiner Wortbildungslehre, „die Möglichkeit aus, dass sich der bezeichnete Vorgang vollzieht“: *brennbarer Stoff* –

der Stoff kann brennen. In diese kleine Gruppe zählt Fleischer auch das Wort *sinkbar*, womit unser *unsinkbar* ebenfalls fein heraus ist.

ALS FAHRRADHÄNDLER, der er einst war, weiß Leser M. natürlich, dass das Radfahren kein Verkehrsmittel ist, sondern allenfalls die Nutzung des Verkehrsmittels Fahrrad. Bei uns hatte es geheißen, Radfahren sei Verkehrsmittel und Bekenntnis dazu. In einer späteren Ausgabe war das dahingehend korrigiert worden, dass das Rad Verkehrsmittel und Bekenntnis dazu sei, was auch wieder schief ist: Nicht das Rad ist das Bekenntnis, sondern das Fahren damit.

„SO VIEL KENNTNIS der deutschen Sprache sollten Berufsjournalisten schon haben“, schrieb Leser J., nachdem er bei uns gelesen hatte, was Klaus Wowereit unlängst ans Herz gelegt worden war: dass er den Flughafen Tempelhof „auflassen“ solle. Halten zu Gnaden, Herr J., möchte man da sagen, aber erstens war das ein Zitat, das man auch bei einem Wowereit nicht ohne Grund ändert, und zweitens ist das Wort *auflassen* nicht so einschichtig, wie man glauben möchte. Selbstverständlich meint es auch *stilllegen, schließen* und *auflösen*, aber ebenso gut kann man es für *offen lassen* verwenden: *lass doch bitte die Tür auf.* Der Duden nennt noch ein paar weitere Bedeutungen: *aufbehalten* (den Hut), *aufbleiben lassen* (die Kinder), *in die Höhe steigen lassen* (Ballons) und schließlich, aus der Sprache der Notariate geläufig, *übereignen* (zwei Hektar Wald).

DASS ADOLF HITLER ein Schreihals und Krawallant war, weiß man hinlänglich, aber dass er, wie es in einer von Leser B. gerügten Bildunterschrift hieß, in ein Buch „krakeelt“ hätte, kann man ihm denn doch nicht nachsagen. Was so ein Buchstabe nicht ausmacht, ach und weh beziehungsweise, mit Loriot zu reden, krawehl, krawehl!

ERWÜRGEN, und noch dazu mit dem Schwert: Das kommt in der Bibel vor und wurde bei uns mit einigem Staunen wiedergegeben. Leser Sch. verfügt über ein weitaus üppigeres Wortschatzgedächtnis. Er erinnert nicht nur an die Ballade von der „Bürgschaft", in der Friedrich Schiller gleich zweimal *erwürgen* statt *töten* schreibt, sondern verweist auch auf Martin Luther, der es generell so hält. In der Tat verwendet Luther, wie bei Grimm nachzulesen, das Wort 180-mal, freilich nie in so schöner Reimpaarung wie Schiller: *„Mich, Henker"*, *ruft er, „erwürget! / Da bin ich, für den er gebürget!"*

DIE LIEBE ZUR TIERWELT ist meist größer als die Kenntnisse davon, siehe den nicht nur in Jägerkreisen gern belachten Merksatz: Der Mann vom Reh ist der Hirsch. In einer Notiz über die Pandabären Ying Ying und Le Le wurde kurz erörtert, dass und wie diese Tiere „schwanger" werden könnten, was Leserin B. zu dem Hinweis bewegt, dass diese Tiere, wenn überhaupt, trächtig würden. „Bitte sagen Sie das", fährt sie fort, „Ihren landentwöhnten, städtischen Journalisten." Was hiermit getan sei.

ZU DEN WURZELN zurückgehen ist löblich, aber nicht immer ersprießlich. Leser R. tut es trotzdem. Er ermahnt uns und etliche andere Blätter, das Wort *verdienen* nur so zu verwenden, wie es dem für ihn einzigen Wortsinn nach zu verwenden sei: als Ausdruck für ein Entgelt, das dem Wert der Arbeit entspricht. „Eine Altenpflegerin", schreibt Herr R., „ *bekommt* 1900 Euro Gehalt monatlich; sie würde aufgrund ihrer erbrachten Leistung 3200 Euro *verdienen.*" Das Spiel mit dem Doppelsinn von Wörtern hat schon manch schönen Scherz hervorgebracht: „Herr Ober, was können Sie uns empfehlen?" – „Ein anderes Lokal." Mit *verdienen* verhält es sich ähnlich, doch muss man deswegen die Sache nicht auf den Kopf stellen. In den Wörterbüchern liest sich die Reihenfolge der Bedeutungen so ähnlich, wie sie in dem von Hermann Paul aufgestellt wird: 1. durch Dienen, dann überhaupt durch Arbeit erlangen; 2. für seinen Dienst, seine Bemühungen einer Sache wert sein. Wir werden es mit *verdienen* halten wie bisher. Herr R. aber bekommt, was er verdient: Lob für seinen Einsatz.

ZU DEN OSMANEN sagte man früher auch *Ottomanen*, doch ist dieser Begriff derart zurückgetreten, dass die bei uns erwähnte „Ottomanen-Herrschaft“ Leser M. zu Recht irritierte. Unter einer Ottomane versteht man heute – und auch dieser Begriff ist im Schwinden – eine bestimmte Art von Sofa. Das Osmanische daran erhellt ein Gedicht von Ferdinand Freiligrath: „Der Feldherr sitzt im Zelt, sein Auge glüht vor Lust; / er lehnt sein bärtig Haupt an einer Sklavin Brust / auf goldbefranzter Ottomane.“

AUCH DAS GRAUEN hat Anspruch auf angemessenen Ausdruck, vielleicht gehört es sogar präziser benannt als manches andere. In einem Bericht über Halit Yozgat, das neunte Opfer der Zwickauer Terrorbande, hieß es „umgebracht – nein: hingerichtet am 6. April 2006“. Bei allem Respekt vor der Empörung des Autors darf man nicht vergessen, worauf Leser F. aufmerksam macht: dass Hinrichtungen, wie fragwürdig sie immer sein mögen, nach Recht und Gesetz erfolgen. Nein, Halit Yozgat wurde umgebracht (siehe auch S. 212/213).

MÖGLICHERWEISE saß dem Kollegen der Schalk im Nacken, als er über die NSU-Terroristen schrieb: „Sie verdienten mit Banküberfällen viel Geld.“ Es sei ihm, schrieb Leser R. daraufhin, bisher nicht bewusst gewesen, dass „Banküberfälle dem Geldverdienen dienen“. Weil wir das ganz ähnlich sehen, geben wir hier vorsorglich zu Protokoll, dass wir weder selbst mit Banküberfällen unser Geld verdienen noch das Überfallen von Banken für einen gutbürgerlichen Ausbildungsberuf halten.

1

BEI MÖRIKE gibt es den König Milesint, der selbst die Krone tragen will und deswegen „sein Bruderskind" meuchelt. Für den Dichter war das gut, weil sich *Bruderskind* auf *Milesint* reimt – nicht auszudenken, wie seine „Traurige Krönung" ausgefallen wäre, wenn er mit dem Wort *Neffe* hätte arbeiten müssen! Das Bruderskind ist das Kind des Bruders, aus der Sicht des Onkels also der Neffe respektive die Nichte, aus der Sicht der Kinder des Onkels der Cousin oder die Cousine, früher der Vetter oder die Base, Letztere oft auch Bäschen genannt. Kürzlich ließ das Statistische Bundesamt wissen, dass in der Gesamtmenge der Kinder der Anteil der Zweit- und Drittgeborenen zugenommen habe, eine Neuigkeit, die bei uns unter der Rubrik „Mehr Geschwisterkinder" an die Leser weitergegeben wurde. Einer von ihnen, Herr M., ruft alle Geschwister dazu auf, sich sprachlich und auch anderweitig nicht von den Geschwisterkindern verdrängen zu lassen.

VON EINER HAVARIERTEN russischen Raumsonde hieß es bei uns, sie sei „unverhofft" abgestürzt, was in Leser P.s Ohren stark nach Schadenfreude klang. Zugunsten des Kollegen, der diese Wortwahl zu verantworten hat, nehmen wir an, dass er sowohl den Russen als auch ihren Raumsonden wohlwollend gegenübersteht und dass er die Vokabel *unverhofft* im Sinn von *unerwartet* verwendete, wie das auch in der höheren Literatur gelegentlich unterläuft. Schiller zum Beispiel beschreibt in seiner „Zerstörung von Troja" die Gefühle des plötzlich von Feinden umzingelten Androgeos folgendermaßen: „So zittert, wer, in Dornen tief versteckt, / Die Natter unverhofft mit rauhem Fußtritt weckt." Müßig zu sagen, dass es Androgeos ähnlich erging wie der russischen Raumsonde.

SCHULD ist eine moralische Kategorie, weil der Mensch statt des Bösen schließlich auch das Gute tun könnte, und insofern geht es kaum an, die Schuld beziehungsweise Verantwortung für dies und das der Sachwelt zuzuschieben. Die Älteren unter uns erinnern sich gewiss noch an Manuelas Schlager „Schuld war nur der Bossa Nova“, in dem für das, was „die kleine Jane“ und ihr Jim trieben, ein Modetanz verantwortlich gemacht wurde, der sich davon denn auch nie mehr erholt hat. Leser M. hat sich nun auf die Seite jener „tiefstehenden Sonne“ geschlagen, die bei uns für eine Karambolage bei Cloppenburg „mitverantwortlich“ gemacht worden war. Recht hat er. Für die Sonne gilt das Dichterwort „Verbiete du dem Seidenwurm zu spinnen“: Sie kann nicht anders als scheinen, und dass sie nachmittags im Raum Cloppenburg tief stehen muss, hat sie sich ebenfalls nicht selber ausgesucht.

OHNE ROSS UND REITER zu nennen, weist Leserin K. darauf hin, „dass es nicht heißt *hier und da*, sondern *hie und da*, was so viel heißt wie *ab und zu, hin und wieder, gelegentlich.*“ Vom Gefühl her ist dem zuzustimmen, obwohl man schon in der „Winterreise“ sehen kann, wie vage es um diese Floskel bestellt ist. „Hie und da ist an den Bäumen / Manches bunte Blatt zu seh’n“, singt der Sänger dort, und man weiß nicht so recht, wie er das meint: Ist so ein Blatt heute, übermorgen und in einer Woche zu sehen, oder hängt eines rechts oben (hier) und eines links unten (da)? Eine kurze Stichprobe im Internet stützt die Vermutung, dass jüngere Leute die Variante *hie und da* seltsam beziehungsweise falsch finden. Der Duden führt *hie und da* durchaus auch im örtlichen Sinn: „Ein paar Disteln, etwas Sauerampfer, hie und da Löwenzahn …“, dafür lässt er *hier und da* auch im Sinn von *manchmal* gelten: „Denkt vielleicht hier und da an meine Worte.“ In Grimms Wörterbuch lernen wir, dass das *hie* zunächst lokal und erst danach temporal verwendet wurde, doch finden wir allhie einen schönen Beleg für die zeitliche Variante: „Eine miserable Lust, hie und da über die Schnur zu hauen“ (Tieck). Wie es aussieht, muss man in dieser Sache hie und da fünf gerade sein lassen.

UND DAZU PASST ...? Genau: ein gutes Glas Wein. Wer hätte diese Phrase nicht schon am Ende schöner Rezepte gelesen und sich entschlossen, das mit der gleichen Lust zu befolgen wie all die anderen Vorschriften? Leser G. ist spröder: Weder will er sich die Zahl der Gläser vorschreiben lassen, die er zum Essen zu schlucken gedenkt (den Wein natürlich, nicht die Gläser als solche), noch will er das zum Wein gehörige Adjektiv *gut* vor dem Glas sehen. Streng genommen hat er recht, wie man auch am *neuen Paar Schuhe* sieht, bei dem ebenfalls die Schuhe neu sind und nicht das Paar. Die Sprache ist in dem Punkt etwas lässiger, und in der großen Grammatik von Gisela Zifonun et aliis wird bei besagtem guten Glas Wein als „Besonderheit" registriert, „dass in Behälterkonstruktionen Adjektive, die morphologisch mit dem Behälterausdruck kongruieren, sich *nur* auf den Substanzausdruck beziehen können". Freilich sind selbst Behälterkonstruktionen Grenzen gesetzt. „Dazu passt ein weißes Glas Wein" – das geht nun wirklich nicht.

IM INTERNET berichtete eine Bloggerin namens Angelica einmal von einem Seitensprung ihres früheren Freundes. Zu dem Krach, der sich daraus entwickelte, gelangte man über den Zwischentitel „Dieser Krach über diesen Seitensprung überdauerte ganze drei Tage", der Text danach begann so: „Dieser Zank über seinen Seitensprung ging volle drei Tage." Sicher scheint nur eines zu sein, nämlich dass der Krach drei Tage lang anhielt. Es fragt sich nur, wie Angelica diesen Zeitraum empfand. Kam er ihr zu kurz vor, waren es *ganze* drei Tage, wollte er ihrem Gefühl nach kein Ende nehmen, waren es *volle* drei Tage. Anlass für diese Erörterung ist Johannes Heesters' Heimgang ins ewige Maxim. Im Nachruf hieß es, „Jopie" sei in einer Hauptrolle „ganze 250-mal" auf der Bühne gestanden, eine Formulierung, die in Leser P.s Ohren klang, als habe es der Künstler gerade mal, mit Ach und Krach sozusagen, auf diese 250 Auftritte gebracht. Eine Despektierlichkeit dieser Art lag uns fern bei einem Mann, der volle 108 Jahre alt wurde und dem zum nächsten runden Geburtstag ganze zwei Jahre fehlten.

WENN VON „JUNGS“ die Rede geht, flackert im Hintergrund gewissermaßen das Lagerfeuer. Da denkt man an Sport und Spiel, wahlweise auch an die aus dem Film bekannten schweren Jungs, die der Polizei immer wieder so lustige Streiche spielen. In einem Bericht über den „Maskenmann“ hatte es geheißen, er habe „drei Jungs getötet“. Leserin Dr. B. hält diese Wortwahl für eine Unsitte: „Würde denn jemand sagen, es seien drei *Mädels* ermordet worden?“

PROFESSOR LEONARDO BECCHETTI ist päpstlicher Berater. In einer von ihm mitverfassten Denkschrift geht es um Italien und die ganze Welt, und genau diese Welt „will Becchetti genesen“. Herr E. las das mit Verblüffung, und in der Tat, beim gegenwärtigen Zustand von Italien und der Welt kann man nur sagen: Arzt, genese dich selbst. – FUSSNOTE: Es ist nicht bewiesen, aber sehr wahrscheinlich, dass von Leserinnen und Lesern mit E.-Namen mehr sprachkritische Zuschriften kommen als von solchen, deren Namen mit F., K. oder Sch. beginnen. Zufall? Fügung? Gesetz? Man weiß es nicht. Schön ist es trotzdem.

SOKRATES soll über die Jugend allerlei Abfälliges gesagt haben: dass die jungen Leute keinen Respekt vor dem Alter hätten, dass sie bei Tisch die Süßspeisen verschlängen, dass sie ihre Lehrer tyrannisierten, lauter so Zeug. Nun wurde bei uns über die jungen Leute von heute berichtet, dass sie, in London beispielsweise, Flachbildschirme plünderten. Ein Leser oder eine Leserin, der/die sich hinter dem Namen „Sphinx“ verbirgt, scheint sich da etwas auszukennen. Er/sie vermutet, dass die Typen wohl eher Shops plündern und die Flachbildschirme mitgehen lassen; geplünderte Flachbildschirme seien zu nichts mehr zu gebrauchen.

DER FRÜHE VOGEL ist Leser F. in höchstem Maße suspekt. Dafür gibt es zwei Gründe. Zum einen wurde, wie sich Herr F. zu erinnern glaubt, die Lebensweisheit, wonach besagter Vogel den Wurm fängt, bei uns als deutsches Sprichwort ausgegeben, obwohl es sich doch um eine „dümmliche Übersetzung" aus dem Englischen handle: „The early bird gets/catches the worm." Zum anderen sei der frühe Vogel als solcher ein Unding resp. -tier, da das Adjektiv *früh* nur auf Vorgänge wie das *frühe Erwachen* passe. Einen Tag nach diesem Einwurf stand F. abermals auf der Matte, diesmal mit dem auf Franz Beckenbauer gemünzten „späten Vater". Wo genau diese Sachen standen, war nicht zu eruieren, was aber an der Tollpatschigkeit des Kolumnisten im Durchforschen elektronischer Archive liegen könnte. Wie auch immer, die Chose ist nicht uninteressant, und es sieht ganz danach aus, als müsste man Herrn F. sanft, aber deutlich widersprechen. Wie schön sich *früh* und *spät* als personenbezogene Adjektive ausnehmen, sieht man am *frühen Beethoven* und am *späten Goethe*, und in dem Zusammenhang sollte man das *späte Obst* so wenig vergessen wie das ähnlich süße *späte Glück*. Was Letzteres angeht, so gibt es dazu einen wunderbaren Film von Jean-Pierre Blanc mit Annie Girardot und Philippe Noiret: „Das späte Mädchen (La vieille fille)."

ES HAT SICH EINGEBÜRGERT, Interviews nicht einfach beginnen zu lassen, sondern mit lockeren Vorspännen abzufedern. In einem dieser Leads oder Teaser, oder wie immer man derlei nennt, war über den Zeichner Art Spiegelman zu lesen, er sei „erst anderntags" – also morgen – „aus New York eingeflogen". Dass das Gespräch trotzdem geführt werden konnte, zählt für die Leser Dr. M und R. zu den großen und nach wie vor nicht hinreichend erforschten Geheimnissen des Journalismus.

KITTEN ODER KLITTERN? Auf das Vorhaben, die Frankfurter Altstadt zu rekonstruieren, wurde bei uns das Wort „Geschichtskittung“ gemünzt, während Leser v. C. meint, es handle sich um „Geschichtsklitterung“. Die Ähnlichkeit der zwei Wörter verleitet dazu, die Klitterung für eine Art Klebearbeit zu halten, bei der die Scherben der Geschichte wieder zusammengeleimt werden. In Wahrheit bedeutet *klittern* so viel wie *klecksen* oder *schmieren*, woraus folgt, dass eine Geschichtsklitterung eine schnell hingeschriebene Geschichte ist. In diesem Kontext unentbehrlich: Fischarts grandioser Buchtitel „Affentheurlich Naupengeheurliche Geschichtklitterung Von Thaten vnd Rhaten der vor kurtzen langen vnnd je weilen Vollenwolbeschreiten Helden vnd Herren Grandgoschier, Gorgellantua vnd deß Eiteldurstlichen Durchdurstlechtigen Fürsten Pantagruel von Durstwelten / Königen in Utopien“ – herrje, das geht ja noch an die zwanzig Zeilen so weiter!

WENN STAMMTISCHLER fest respektive, wie sie gern sagen, „finster“ entschlossen sind, beispielsweise beim Vatertagsausflug mitzuziehen, verkünden sie: „Also, Leute, da bin ich auch vertreten!“ Sie meinen damit aber das Gegenteil dessen, was sie sagen, nämlich dass sie keineswegs vertreten werden, sondern selber dabei sein wollen. Der Kirch-Prozess ist kein Vatertagsausflug und die Herren von der Deutschen Bank sind kein Stammtisch. Trotzdem musste Leser Dr. P. bei uns erfahren, dass Aufsichtsratschef Börsig „in München vertreten“ gewesen sei. Clemens Börsig war aber persönlich da – eine kleine Parallele wenigstens zu den Stammtischlern.

ANONYMES wird üblicherweise nicht zur Kenntnis genommen. Dennoch sei hier kurz wiedergegeben, was eine Leserin unlängst ohne Namensnennung vorbrachte: Die Überschrift „Apple entsetzt weltweit seine Kunden“ sei fehlerhaft, weil nur die Kunden selbst sich entsetzen könnten, in dem Fall über gewisse Usancen im Umgang mit „sensiblen“ Nutzerdaten. In dieser transitiven Verwendung von *entsetzen* könne der Satz so aufgefasst werden, als seien die Kunden weltweit belagert worden und würden nun von Apple durch Hilfstruppen entsetzt, also aus ihrer Bedrängnis befreit. Hört sich gut an, und in der Tat war dieser militärische Gebrauch von *entsetzen* lange Zeit üblich. Andererseits rechnet Peter Eisenberg das Wort unter die „psychischen Verben mit Akkusativobjekt“, was sich mit einem Zitat aus Schillers „Don Carlos“ schön belegen lässt. „Ich fasse nicht, was diese Reden meinen“, sagt darin die Königin zu Posa, „doch sie entsetzen mich.“

WIE BESCHEIDEN manche Leser doch sind! Sie wollen, wie sie schreiben, nur auf „dumme Sprachgewohnheiten“ hinweisen, doch wenn man die vermeintliche Kleinigkeit aufschnürt, sieht man einen sprachpolitischen Koloss. Einen Fall dieses Kalibers hat uns Herr Sch. zugewälzt, indem er die „haarsträubende“ Verwechslung von *alttestamentlich* und *alttestamentarisch* geißelte und um Abstellung des Unfugs nachsuchte. Wie sich bei näherer Betrachtung zeigte, ist es hier mit einem „Ja, ja, wird gemacht“ bei weitem nicht getan. In Grimms Wörterbuch findet sich nur dieser kuriose Eintrag: „ALTTESTAMENTLICH *bildet man, obwol nicht gesagt wird* alttestament, *nur* das alte testament.“ Der Blick in den Großen Duden löst zunächst ebenfalls keinerlei Beunruhigung aus. Dort wird *alttestamentlich* mit *das Alte Testament betreffend, auf ihm beruhend* erklärt, *alttestamentarisch* hingegen mit *nach Art des Alten Testaments.* Der Beleg dazu, aus Klaus Manns „Wendepunkt“, lässt freilich aufhorchen. Es ist darin von „Racheakten von wahrhaft alttestamentarischer Furchtbarkeit“ die Rede. Um den Grund der Sache zu beleuchten, sei ein Aufsatz herangezogen, den Andreas Mertin vor ein paar Jahren in dem von ihm herausgegebenen Magazin *Tà katoptrizómena* veröffentlichte, einer Zeitschrift für Theologie und Ästhetik. Diesem Text zufolge ist es nämlich nicht gehupft wie gesprungen, ob man so oder so sagt beziehungsweise schreibt. Mit den Methoden der Korpuslinguistik komme man schnell darauf, wie das Wort *alttestamentarisch* konnotiert ist: mit Strafe, Rache, Brandmarkung, Auge um Auge (*alttestamentlich* hingegen mit Religion, Bibel, Gottesbild). Mertin sieht hinter *alttestamentarisch* den Antijudaismus sein Unwesen treiben, und wenn er auch nicht einer Meinung mit dem Alttestamentler Erich Zenger ist, der das Adjektiv der Nazisprache zuweist, so findet er doch weiter unten im Brunnen der Vergangenheit Belege, die seine Einschätzung bestätigen: Zitate etwa von Brentano und Hauff, denen „antijüdische Klischees nicht fremd" gewesen seien. Es ist, wie Mertin schreibt, nicht immer Antijudaismus, der bei der Verwendung von *alttestamentarisch* obwaltet, sondern meist Gedankenlosigkeit, eine Einschränkung, die wir auch für unser Blatt (obwohl oder gerade weil darin schon einmal „der alttestamentarische Gaul" durchging) mit Nachdruck in Anspruch nehmen wollen. Wie weit diese Gedankenlosigkeit beim Pendant des Alten Testaments reichen kann, illustriert Andreas Mertin mit einem Beispiel aus libri.de. Dort wurde und wird bis heute Wilhelm Schneemelchers Buch „Neutestamentliche Apokryphen" im Bild gezeigt. Im Text daneben aber steht: „Neutestamentarische Apokryphen." Irgendwie apokryph, nicht wahr?

WAS EIN TROTTEL ist, glauben die meisten zu wissen: im Zweifel der andere. Als kürzlich bei uns „schwere Vorhänge mit Trotteln" vorkamen, sah das nach einem Wortdreher aus – „Trottel mit schweren Vorhängen" kann man sich gut vorstellen, insbesondere wenn sie darüber stolpern. Wie einige Leser klar erkannten, handelte es sich bei den Trotteln natürlich um Troddeln, also um jene Quasten, die sich an Vorhängen und Vorhangschnüren so unheimlich gut machen. Die Kunst der Raumausstattung ist wohl nicht so populär, wie sie das verdiente.

MIT SORGE weist Frau W. auf etwas ganz und gar nicht Lustiges hin, nämlich auf die unterschwellige Verdrängung des süddeutschen Verbs *gehen* durch das sinngleiche norddeutsche *laufen*. In einem Interview zum Trachten- und Schützenzug hieß es mit einer gewissen Penetranz, dass da Gruppen „laufen" beziehungsweise „mitlaufen", und wenn Frau W. daran denkt, dass die Norddeutschen für *laufen* gern *springen* sagen, sieht sie den Festzug auf keinem guten Weg.

UNTIEFE, DIE ERSTE. Ein Lieblings-„Fehler" unserer Leser ist die „Untiefe", doch mögen die Gänsefüßchen andeuten, dass es mit der Fehlerhaftigkeit so weit nicht her ist. Als kürzlich gemeldet wurde, junge Leute seien in einer Untiefe ums Leben gekommen, traten einige Leser mit erhobenem Zeigefinger vor und erinnerten daran, dass mit Untiefe eine seichte Stelle gemeint sei. Das ist ohne Zweifel richtig, doch muss man, wenn sich in der Gebrauchssprache derartige Untiefen auftun, auch die andere Seite betrachten – und die gibt den vermeintlich Fehlenden recht. Es handelt sich bei der Untiefe nämlich um ein Antagonym, also um ein Wort mit gegensätzlichen Bedeutungen, was daran liegt, dass die Vorsilbe *un-* bei *untief* einerseits negierend verwendet wird (nicht tief), andererseits augmentativ (sehr tief, wie bei der Unmenge). Wer nun den Verdacht hegt, hier werde ein Zaubertrick vorgeführt, um einen gängigen Sündenfall zu sanktionieren (auch so ein Antagonym, weil es *gutheißen* und *bestrafen* bedeuten kann), der irrt. Schon Grimm führt die Untiefe sowohl als Gegensatz wie auch als Steigerung der Tiefe, wobei er für Letzteres unter anderem Goethe heranzieht. Dieser berichtete seinem Freund Zelter in einem Brief, dass er viel Papier verschrieben und dabei „manches Erfreuliche aus den lethäischen Untiefen herausgefischt" habe. Lethäisch bezieht sich auf Lethe, den Fluss des Vergessens, und dass der seicht sei, kann man nun wirklich nicht sagen.

UNTIEFE, DIE ZWEITE. Fatal wird es für den Verfasser dieser Zeilen, wenn ihn ein Leser fragt, ob er dies und das nicht „in seiner unnachahmlichen Art“ aufgreifen und geißeln möchte. Natürlich würde er den Leser, in dem Fall Herrn H., am liebsten umarmen und ihm ein „Wird erledigt!“ zurufen, doch dann sieht er das Thema und wird unschlüssig. Es geht Herrn H. um das Wort *Untiefe*, das in der Überschrift „Von den Untiefen der Seele“ vorkam und eindeutig die Abgründe der Seele meinte, nicht deren seichte Stellen. Die Untiefe ist der Sprachglosse liebstes Kind, jedenfalls eines ihrer Lieblingskinder; dabei werden stets die gerügt, die sie im Sinn von Abgrund, große Tiefe verwenden. Schon in Grimms Wörterbuch wird indessen auch diese Bedeutung angeführt, mit Beispielen wie dem folgenden: „Dieses Versinken in die gräulichsten Untiefen der Sinnlichkeit“ (Hebbel). Wolfgang Fleischer verknüpft in seiner Wortbildungslehre die Untiefe mit Wörtern wie Unmenge oder Unzahl, bei denen *un-* als Steigerungspräfix auftritt. Und er fährt fort: „Daher rührt die Doppeldeutigkeit von Untiefe, eigentlich nicht tiefe, also flache Stelle, aber schon seit dem 18. Jh. – vor allem im Binnenland – auch als besonders tiefe, unergründliche Stelle aufgefasst“.

„GEBETSMÜHLENARTIG“ soll die OECD „angemahnt“ haben, „dass Kinder aus bildungsfernen Schichten hierzulande geringere Erfolgschancen haben als anderswo“. Als Dr. B. das las, mahnte er mehr Gerechtigkeit für die OECD an, die doch wohl die geschilderte Misere weniger eingefordert als vielmehr bemängelt haben dürfte. Recht hat er, und der Autor wurde in brüderlicher Kollegialität abgemahnt.

DAS VERB „UMNIETEN“ wird vom Duden in der Güteklasse „salopp“ geführt und durch drei Synonyme näher erklärt: *niederschießen, niederschlagen* und *umfahren*. In der dritten Bedeutung kam es auch bei uns vor, und zwar in einem Artikel über Elektroautos, die bei niedriger Geschwindigkeit so leise seien, dass sie von Fußgängern und Radfahrern nicht gehört würden und diese *umnieten* könnten. Leser B. war das um einen Dreh zu salopp, er sah „eine erschreckende Entmenschlichung“ am Werk. Wer den Kollegen kennt, wird dieses harsche Urteil zurückweisen. Gedankenlos war die Verwendung des Ausdrucks aber schon, darüber hinaus technisch falsch, denn diese Art des Umnietens ist, um es ebenfalls salopp zu sagen, in aller Regel mit hohen Geschwindigkeiten gekoppelt.

„IRGENDWIE“ ÄHNLICH seien einander die zwei Adjektive bzw. Adverbien *vermeintlich* und *angeblich*, schreibt uns Leser H. Er sieht in der SZ – und wohl in der gesamten Presse – eine bedenkliche Unbedenklichkeit am Werk, die umso erstaunlicher ist, als sich der Unterschied zwischen *vermeintlich* und *angeblich* schnell und eigentlich recht klar zeigen lässt. Sagt man: „*Vermeintlich* bedeutet angeblich das Gleiche wie *angeblich*“, so ist das etwas völlig anderes, als wenn man sagt: „*Vermeintlich* bedeutet vermeintlich das Gleiche wie *angeblich*.“ Die erste Version nährt den Glauben, dass an der unterstellten Gleichheit sehr wohl etwas dran ist, wohingegen bei Version zwei „die kolportierte Unterstellung, der Verdacht, die Vermutung, die den Kern der Behauptung ausmacht, vom Berichterstatter schon falsifiziert werden konnte“. Dieser Gebrauch von *vermeintlich* ist beispielhaft in einem Brief Lichtenbergs an Georg August Ebell zu sehen. Lichtenberg war offenbar ziemlich krank gewesen, ein „Cadidatus mortis“, wie er sagt, und entschuldigt sich, dass er Ebells Paket, das ihm „auf meinem vermeintlichen Todbette“ gebracht worden sei, nicht eher habe öffnen können. Das heißt, Lichtenberg selbst hatte „vermeint“, dass sein letztes Stündlein schlagen könnte, ist aber aus dem Schlimmsten heraus. Würde jedoch in einem Museum ein Lichtenberg-Totenbett von dubioser Herkunft ausgestellt, müsste auf der Tafel stehen: „Georg Christoph Lichtenbergs angebliches Totenbett.“ Herr H. erinnert daran, dass es bei ungewissen Sachverhalten noch andere Benennungen gibt, beispielsweise *mutmaßlich, dem Vernehmen nach, gerüchteweise, wie aus sicherer Quelle verlautet, nach eigenem Bekunden*. Der Duden ist in diesem Punkt übrigens seltsam inkonsequent. Während er unter *angeblich* auch *vermeintlich* als Synonym führt, fehlt unter *vermeintlich* das mit Fug und Recht zu erwartende Synonym *angeblich*.

SCHUBERTS FORELLE scheint ihrem Wesen nach so durchsichtig zu sein wie das „Bächlein helle“, das sie „in froher Eil'“ durchschneidet: munter bis zum bitteren Ende. Irritierend ist allenfalls, dass der Textdichter D. Fr. Schubart ihr gleich zu Beginn des Liedes das Prädikat „launisch“ verleiht. Nach heutigem Verständnis dieses Wortes denkt man, die Forelle sei wechselnden Stimmungen unterworfen oder gar von übler Laune beherrscht – eine nach allem, was man über das Seelenleben der Fische weiß, schwer haltbare Einschätzung. Das Seelenleben der Kreditmärkte ist zwar noch weniger erforscht als das der Fische, aber dass sie „launig“ seien, will Leser B. unserem Wirtschaftsteil denn doch nicht abnehmen. In Goethes Lustspiel „Die Wette“ kommt eine Leonore vor, die sich – „O, welche Pein!“ – vom Geliebten versetzt fühlt; von ihr heißt es, sie sei „ein edles bescheidenes Mädchen, nur etwas launig“, was in diesem Zusammenhang bedeutet, dass sie alles andere als bei Laune oder gar humorvoll beziehungsweise witzig ist. Man tritt den Kreditmärkten nicht zu nahe, wenn man sie für höchst launisch hält. Ein Fischer, der sie an die Angel bekäme, ist weit und breit nicht zu sehen.

DA BEI UNS auch „Ungediente“ schreiben, sind wir im militärischen Wortschatz manchmal unsicher. Leser F., Oberstleutnant immerhin, weist darauf hin, dass man, wenn ein

Soldat nicht gehorchen will, von *Gehorsams-* und nicht von *Befehlsverweigerung* spricht. Der allgemeine Sprachgebrauch hält sich daran kaum. Nichtsdestoweniger: Aye, aye, Sir – oder wie immer man beim Militär in solchen Fällen sagt.

UND WENN DIE VEREINE noch so stolz sind auf ihr „100-jähriges Jubiläum“: *-jährig* in Verbindung mit einer Zahl drückt aus, dass etwas so und so alt ist oder so und so lange dauert (das achtjährige Kind, der Dreißigjährige Krieg). Bei uns wurde berichtet, dass Sven Väth bald „sein 30-jähriges DJ-Jubiläum“ feiert. Hoffen wir mit Leser Sch., dass dieses lange Jubiläum ebenfalls in eine Art Westfälischen Frieden einmündet.

DAS LEBEN steckt voller Wunder, und eines davon erlebte der bei uns unlängst beschriebene Vater, als er „die Niederkunft seines ersten Sohnes“ miterleben durfte beziehungsweise musste. Leser Br. war von dem Ereignis kaum weniger beeindruckt: Damit hätte nicht nur ein Mann ein Kind geboren, sondern der Vater wäre gleichzeitig Großvater geworden. Wie sagt schon Golo von Drachenfels in Friedrich Müllers Drama „Golo und Genovefa“ so treffend? „Niederkunft? Hölle!“, sagt er. Durch ein flugs nachgeschobenes „War sie denn schwanger?“ erweist er sich jedoch als Kenner der Zusammenhänge, und die sind so: Der Mann und die Frau zeugen das Kind, die Frau kommt nieder, das Kind wird geboren. Letzteres kann man allenfalls als Ankunft bezeichnen, nie jedoch als Niederkunft.

DASS EINE RÜGE zum tausendsten Mal kommt, macht sie nicht weniger wichtig, und so sei hier kurz betrachtet, was Herr F., wahrscheinlich stellvertretend für viele Leser, aus Anlass des Todesfalls Robert Enke vorträgt. In diesem Blatt wurde vornehmlich von *Selbstmord* gesprochen, etliche Male von *Suizid* und ganz selten von *Selbsttötung*. Der Vollständigkeit halber, nicht zur Rechtfertigung, ist hinzuzufügen, dass es die anderen Medien, die sogenannten Leitmedien eingeschlossen, ebenso hielten, wie ja überhaupt eine auf den alltäglichen Sprachgebrauch zielende Internetabfrage ergibt, dass der Selbstmord weit vor den Begriffen Suizid und Selbsttötung liegt. Ist es Rohheit oder Gedankenlosigkeit, dass der letzte Ausweg, den ein Unglücklicher beschreitet, mit dem hässlichsten Verbrechen in Verbindung gebracht wird? Man kann natürlich nicht ausblenden, dass das Christentum den Suizid für einen schuldhaften Eingriff in die Schöpfungsordnung ansah und sanktionierte. Die Sprache trägt dieses Erbe zwar mit, aber es ist Herrn F. zuzustimmen, wenn er es den Medien auferlegt, auf eine Änderung des „unreflektierten Sprachgebrauchs in der Öffentlichkeit" hinzuarbeiten.

VERGLEICHBAR, wenn auch bei weitem nicht so gravierend, sind die *Helfershelfer*, als welche Angela Merkels Minister kürzlich bezeichnet wurden. Vor Zeiten waren damit wohl ganz wertfrei die Mithelfer gemeint, quasi die Gehilfen der zweiten Reihe, doch schon in der „Jungfrau von Orleans" klingt der Begriff leicht verächtlich: „Nie war der Ruhm des Briten glänzender, / Als da er seinem guten Schwert allein / Vertrauend ohne Helfershelfer focht." Leserin K. erinnert daran, dass nach heutigem Verständnis ein Helfershelfer der ist, der verwerfliche Taten unterstützt, und das sind Merkels Regierungsbemühungen ja zunächst einmal nicht.

„WAS MACHT DER FUHRMANN?", heißt es im Volkslied, und die Antwort lautet: „Der Fuhrmann spannt den Wagen an, die Pferde zieh'n, die Peitsche knallt." Da Peter Scholl-Latour nie mit Peitsche auftritt, war es wahrscheinlich falsch, ihn mit dem Ehrentitel „der alte Fuhrmann" zu belegen. Nimmt man zusammen, was man über sein bewegtes Leben weiß, war er, wiewohl kein Seemann im strengen Sinn, eher das, was man einen „alten Fahrensmann" nennt.

1

EINEN EINSPALTER wendete das Feuilleton für die Meldung auf, dass die Medienkommissarin der EU, Viviane Reding, sich zu den Digitalisierungsplänen von Google geäußerte habe: Das sei eine Herkulesaufgabe, die vom Staat allein nicht „gewuppt" werden könne. Wieder einmal also das eklatant norddeutsche *wuppen*, und wieder einmal die Frage etlicher süddeutsch geprägter Leser, was zum Teufel dieses Wort bedeute. Im Internet findet man diese Auswahl: etwas mit Schwung oder flott tun, etwas im Handumdrehen erledigen, etwas „schaukeln" oder hinkriegen, Geschlechtsverkehr haben. Was davon Frau Reding mit einiger Sicherheit nicht gemeint hat, glauben wir zu ahnen.

ZWEI GAUNER wie die Bombenleger von Mallorca als „Pärchen" zu bezeichnen, das will Leser E. überhaupt nicht gefallen: Zu deutlich sieht er bei diesem Wort Geschwister oder Liebesleute vor sich. Dazu zwei kurze Anmerkungen. Zum einen kann man den Begriff *Pärchen* sehr wohl in einem pejorativen Sinn verwenden, etwa so, wie wenn man *ein feiner Herr* sagt, obwohl man einen fiesen Strolch im Auge hat. Zum anderen war in unserem Text von einem sehr realen Pärchen die Rede, einer Frau und einem Mann, die dadurch auffielen, dass sie auf Mallorca Baskisch sprachen. So oder so: ein sauberes Pärchen!

AN DIESER STELLE kann man's ja ruhig mal sagen, dass maßgebliche Teile unserer Chefredaktion es nicht gern sehen, wenn Überschriften mit Zitaten bestritten werden, dass sie aber nur selten einen Grund dafür nennen können. Den haben sie nun vielleicht. Als BMW seinen Ausstieg aus der Formel 1 verkündete, sagte der ehemalige Schweizer Rennfahrer Marc Surer, das hinterlasse „einen fahlen Beigeschmack", eine gustatorische Feinheit, die zum Kummer des Lesers H. von den Sportkollegen in die Rubrik übernommen wurde. Im täglichen Sprachgebrauch kommt *fahl* derart selten vor, dass man meinen könnte, es sei dem vierten apokalyptischen Reiter vorbehalten, dem Tod, der auf einem fahlen (in älteren Texten: falben) Ross sitzt und mit dem nicht gut Kirschen essen ist. Könnte es sein, dass *fahl* in der Schweiz eine Sonderbedeutung hat, vergleichbar dem *Ausläufer*, der dort auch ein *Bote* sein kann? Das mag klären, wer will und wer es kann. Zugunsten Surers und der Kollegen vom Sport sei jedoch ein Fund aus dem Duden wiedergegeben. Darin werden für *fahl* im Sinn von *nach nichts schmeckend* die von Klaus Mann erfundenen „etwas fahlen Leckereien" aufgetischt.

DEN UNTERSCHIED zwischen *Widerspruch* und *Widersprüchlichkeit* hätte Leser K. gern erklärt; er selber, schreibt er, könne da „außer heißer Luft ... nix erkennen". Anlass war ein Bericht über zwei Verfahren gegen den Polizisten Kurras, die „von allerlei Widersprüchlichkeiten geprägt waren". Es überstiege die räumlichen und leider auch fachlichen Grenzen dieser Kolumne, wollte man erläutern, welche Rolle das Suffix *-keit* in der Wortbildung spielt. Man kann aber das innig gefühlte Urteil abgeben, dass dieses Anhängsel unter anderem eine gewisse Abstrahierung bewirkt: Wenn einer wiederholt durch nette Gesten auffällt, wird man ihm eines Tages eine generelle Nettigkeit attestieren, und wo viele einnehmende Damen versammelt waren, sprachen Kavaliere der alten Schule gern von holder Weiblichkeit. So gesehen, waren die Kurras-Prozesse wohl eher von Widersprüchen geprägt und allenfalls in ihrer Summe eine einzige Widersprüchlichkeit.

UNVERHOFFT kommt oft, sagt das Sprichwort, doch wenn es nach Leserin Dr. L. ginge, könnte unverhofft ruhig auch etwas seltener kommen. Ihr schönster Beispielsatz dazu stand kürzlich bei uns im Blatt: „Es gab viele unverhoffte Probleme." Eines davon scheint zu sein, dass sich weder das Wort *unerwartet* noch das Wort *unvorhergesehen* rechtzeitig hatte einstellen wollen (siehe auch S. 14).

1

WENN DER PAPST die SZ so gründlich studiert wie Leser Dr. W., dürfte er „mit Missfallen erfahren haben, dass man in Madrid die spanische Ausgabe seiner gesammelten Werke ‚editiert' hat". So Dr. W., der damit an die Konkurrenz von *edieren* und *editieren* erinnert und meint, ein Blatt wie die *Süddeutsche* sollte in der Lage sein, zwischen beiden zu unterscheiden. Wohl wahr. Im Duden wird der Unterschied so beschrieben: *Edieren* heißt ein Werk (wissenschaftlich) herausgeben, *editieren* hingegen „Daten in ein Terminal eingeben, löschen, ändern o. Ä." Dem einem wie dem anderen liegt das lateinisch Verb *edere* zugrunde, dessen Bedeutungsvielfalt von *herausgeben* bis hin zu *zeugen* reicht: „atavis edite regibus" nannte Horaz seinen Freund und Gönner Gaius Cilnius Maecenas, also „Spross alter Könige". Was immer mit Benedikts XVI. Werk geschah oder geschieht, ändern oder gar löschen darf es nur er selber.

„KALTES CHAOS" registrierte unser Londoner Korrespondent unlängst und kabelte das auch brav durch, nicht ohne das bei solchen Berichten wichtige Detail, dass die U-Bahnen den Betrieb mehr oder minder eingestellt hatten, „weil Schnee auf den überirdischen Streckenabschnitten die Gleisanlagen zugedeckt hatte". Leser F. sieht hier (und nicht nur hier, sondern vielerorts) *oberirdisch* mit *überirdisch* verwechselt und fordert, dieser „Seuche" Einhalt zu tun. So gern wir dem folgen, so wenig wollen wir verschweigen, dass die Suche nach Rechtfertigungsgründen einiges an den Tag gebracht hat, das die Vertauschung von *ober-* und *überirdisch* etwas weniger schlimm erscheinen lässt. Der große Duden zum Beispiel nennt für *überirdisch* an erster Stelle die Bedeutung „der Erde entrückt", an zweiter aber auch die Bedeutung *oberirdisch* im

Sinn von: über dem Erdboden. Im Grimm'schen Wörterbuch wird die Erklärung „über der erde befindlich" sogar als erste genannt, unter anderem mit einem Beleg von Novalis: „die an unterirdischen und überirdischen schätzen reichsten gegenden." Erst danach kommt die heute übliche Bedeutung „über das irdische erhaben". Sie kann sich unter anderem auf ein Zitat Justus Georg Schottels stützen, das allen Sprachfreunden gefallen muss. Demnach steckt in den Sprachen „ein weit anders und ein gantz überirrdisches verborgen, welches nicht unseren leib, sondern die seele einnimmt".

DER WELTSICHERHEITSRAT hat es nicht leicht, weil sein Hauptzweck, die Weltsicherheit, wahrscheinlich nie verwirklicht werden kann. Kürzlich wandte er sich in dieser Sache wieder einmal an Israel, mit einem Ergebnis, das in unserem Blatt so beschrieben wurde: „Friedensappell bleibt folgenlos." Ganz ohne Folgen blieb er freilich nicht, denn Leser H. schrieb uns eine Mail dieses Inhalts: Wenn sich eine Bahnschranke wegen eines Defekts nicht schließen lässt, bei Durchfahrt des Zuges aber kein Auto weit und breit ist, bleibt die Sache folgenlos. Kommt es jedoch zu einem Unfall, dann waren die Bemühungen des Schrankenwärters, nahende Autos durch Winken anzuhalten, erfolglos. Ähnlich verhält es sich mit dem Krieg im Gazastreifen. Die Schranken sind samt und sonders defekt, der Weltsicherheitsrat winkt, was das Zeug hält, doch keiner reagiert. Insofern sind die Appelle erfolglos – mit den bekannten Folgen.

DIE LIEBE ZU DEN ALTEN WÖRTERN

Wörter wie Behuf, hinfort, brandschatzen, Pfründe oder Zeitläufte würden die Journalisten am liebsten mit dem goldenen Gänsekiel hinschreiben. Welcher Teufel reitet sie da?

DIE VORLIEBE für längst versunkenes oder eben absinkendes Wortgut bringt es nicht selten mit sich, dass der, der solche Wörter aus Trotz und Nostalgie verwendet, ihnen einen Sinn unterlegt, den sie nie hatten, seiner Ansicht aber haben. Ein schönes Exempel dafür haben wir in dem Adverb *hinfort*, das in jüngster Zeit zweimal im Streiflicht verwendet wurde. Einmal hieß es, dass ein Sänger etwas „hinfortschmettere", das andere Mal war von einem *shitstorm* die Rede, der gewisse Leute „hinfortfegen wird". Das klang nach einer kleinen Verschwörung von *hinfort*-Piraten, doch zeigte ein Blick ins Archiv, dass sich die Hinfortianer längst fest eingenistet haben. Da wird ein Ball hinfortgefaustet, eine Bemerkung hinfortgegrinst, ein Missgeschick hinfortgeplaudert, eine Winterjacke hinfortgeworfen, der Schmerz hinfortgeknetet – und keiner, der diese Blüten gegenliest, ist sich dessen bewusst, dass *hinfort* ausschließlich zeitlich gemeint ist, im Sinn von *von nun an, von jetzt ab*. Martin Luther verwendet das Wort in der Form *hinfurt*, was sich im zweiten Brief des Paulus an Timotheus so anhört: „Hinfurt ist mir beygelegt die Kron der gerechtigkeit."

ALS VERKAPPTEN Intelligenztest empfindet Leser H. die Verwendung von Wörtern, die der „Normalleser nicht im Wörterbuch findet". Anlass seines Zorns ist das Wort „Bohei", das kürzlich im Streiflicht vorkam. Nicht im Wörterbuch? Im Rechtschreibduden von 2006 (24. Auflage) findet sich auf Seite 263 der Eintrag „Bohei vgl. Buhei", und wenn man zur Seite 275 weiterblättert, liest man dort: „Buhei, Bohei, das; -s (landsch. für Aufheben); großes Buhei, Bohei (um etw.) machen." Dem großen Duden zufolge setzt sich *Buhei* aus den Ausrufen *bu(h)* und *hei* zusammen (siehe auch S. 105).

INTERPRETIEREN ist oft Glückssache, und es sieht ganz so aus, als hätte Leser H. beim Ausdeuten eines Leitartikels Pech gehabt. Es ging um Christian Wulff respektive um das Talent

Angela Merkels, die richtige Person an die richtige Stelle zu setzen. In diesem Kontext hatte es der Kollege Chefredakteur als Merkels Problem bezeichnet, dass Wulff nicht gehalten habe, „was sie sich bei seiner Auslobung vorzustellen beliebte". Herr H. verstand das so, als habe die Kanzlerin „überall und ständig Lobeshymnen auf Wulff gesungen", und verwarf zugleich die „hintersinnige" Assoziation mit dem Rechtsgeschäft der Auslobung (§ 657 BGB), die ja ihrerseits die weiterführende Assoziation zulässt, der Bundespräsident sei so etwas wie der Hauptgewinn beim Glückshafen. Genau das dürfte aber gemeint gewesen sein – so weit kennen wir den lieben Kollegen Chefredakteur schon.

EIN WEIHNACHTS-ECHO kommt von Leserin K., die darauf hinweist, dass das in „Alle Jahre wieder" besungene Niederkommen des Christuskinds keine Niederkunft im geburtshelferischen Sinn sei. Anlass ist ein Text über die spanische Politikerin Soraya Sáenz de Santamaría, die „kaum zehn Tage nach der Niederkunft ihres ersten Buben" wieder zu arbeiten begonnen hatte. Bei diesem *niederkommen* handelt es sich um einen beschönigenden oder jedenfalls verhüllenden Ausdruck für *gebären* (altnordisch: *liggja á golfi*), und das ist allemal Sache der Mütter, die bei dieser Gelegenheit, um es noch beschönigender und verhüllender zu sagen, *eines Kindleins genesen*. Unter diesen Müttern gibt es wiederum Virtuosinnen wie jene Zwillingsschwestern aus New Jersey, die „zeitgleich" ihre Babys zur Welt brachten. Leser B., dessen Vornamen Asmut wir fälschlicherweise für weiblich hielten, verstand das zunächst so, dass jede der Frauen die gleiche Zeit dafür brauchte, zum Beispiel 5:37,94 h. Erst später stellte sich heraus, dass sie „fast gleichzeitig" niedergekommen waren (siehe auch S. 26).

EHE DIE „ZAUBERFLÖTE" endet, holt Sarastro zu einem letzten Rezitativ aus: „Die Strahlen der Sonne vertreiben die

Nacht, / Zernichten der Heuchler erschlichene Macht." Da *zernichten* also schon 1791 in Gebrauch war, kann es nicht gleichzeitig „eine Wortschöpfung von Theodor Heuss" sein. Diese Ansicht äußerte ein prominentes und kluges Leserbriefschreiberpaar, und wenn Leserbriefe auch grundsätzlich tabu sind, hätte man den wie gesagt prominenten und klugen Leuten den Lapsus einfach streichen sollen. Leser M. rettet die Sache, indem er einen „tatsächlichen Nachkriegsneologismus" beisteuert, nämlich das Wort *zerheilen*, mit dem Paul Celan das beschrieb, was die Psychotherapie an ihm vollbrachte.

UND WEIL IMMER NOCH WEIHNACHTEN IST, wollen wir uns von einem anderen, dem Vernehmen nach nur mäßig heiligen Dreikönig etwas Erfrischendes über die Moral sagen lassen: von Immanuel Kant. Seiner Ansicht nach bedarf diese „zum Behuf ihrer selbst (sowohl objektiv, was das Wollen, als subjektiv, was das Können betrifft) keinesweges der Religion"; vielmehr ist sie „vermöge der reinen praktischen Vernunft" sich selbst genug. Wir zitieren das zu dem Behuf, das Wort *Behuf* in seiner ganzen Schönheit darzustellen. Zur Schönheit gehört, wie man bei Kant an anderer Stelle lesen kann, auch die Richtigkeit, und im Sinn dieser Maxime sollte der *Behuf*, wenn überhaupt, nur sinnvoll eingesetzt werden. Wie gründlich das danebengehen kann, zeigte sich im Streiflicht, ausgerechnet. Dort hieß es anlässlich diverser Dumme-Jungen-Streiche, man müsse „zu diesem Behelf" wieder einmal „Max und Moritz" lesen. Der Schachtelsatz, den uns Leser O. dazu schrieb, konnte den Lapsus nicht ungeschehen machen, aber ein Notbehuf war er allemal.

VOR GERICHT und auf hoher See sind wir in Gottes Hand, heißt es. Bei einer zu einem Prozess entsandten Kollegin bewirkte die Hand Gottes, dass sie plötzlich „eine fast dingliche Stille" spürte, eine insofern ganz passende Wortwahl, als es vor Gericht in der Tat oft um das dingliche Recht geht, also um die Rechtsbeziehungen der Personen zu den Sachen. Leser Sch. ist Jurist und findet, das Wort *dinglich* gehöre so sehr der Rechtssprache an, dass es für das normale Leben kaum mehr tauge. So streng sollte man nicht sein, ist übrigens auch der Duden nicht, der *dinglich* sehr wohl als Synonym für *gegenständlich, real, konkret* führt. Könnte leicht sein, dass die Stille im Gerichtssaal nur als Erscheinung erfahrbar war, dass sie als „Ding an sich“ aber, wie Immanuel Kant lehrt, unerkennbar bleibt.

WENN DIESE KOLUMNE etwas für sich in Anspruch nehmen kann, dann dass sie immer wieder dem Brandschatzen das Wort redet, das heißt, weniger dem Vorgang als solchem als vielmehr der korrekten Verwendung des Begriffs. Unter einer *Brandschatzung* verstehen wir Militärs vom alten Schlag die „exactio tributi sub incendii comminatione“, also die Eintreibung eines Tributs unter Brandandrohung, was in der Praxis bedeutet, dass eine Stadt, die sich diesem Zwang beugt, eben nicht in Brand gesteckt wird. In Zusammenhang mit den Krawallen in London wurde bei uns erneut von *Brandschatzung* geschrieben, was die Leser A. und Dr. K. streng rügen. Sie haben recht: Leider brannte es dort wirklich, und von ordentlicher Kriegführung konnte auch sonst nicht die Rede sein.

DAS FAIBLE von uns Schreibern für absinkende oder längst abgesunkene Wörter wird von vielen Lesern geteilt, solange sie nicht das Gefühl haben, die Wörter würden falsch verwendet. Leser R. stößt sich daran, dass das Kloster St. Botolph's in Colchester als „dereinst stattliche Anlage“ bezeichnet wurde; der herrschende Gebrauch von *dereinst* als einem in die Zukunft gerichteten Adverb gibt ihm recht. Ältere Texte zeigen freilich, dass *dereinst* einst sowohl in die Zukunft als auch in die Vergangenheit weisen konnte. So schreibt Ewald Christian von Kleist am Ende eines langen, der Sehnsucht nach Ruhe gewidmeten Gedichts: „O! ruft mich bald! O Doris, drücke du / Mir dort dereinst die Augen weinend zu!" Anders August von Platen. In der Hymne „Abschied von Rom" spricht er von einer Göttin, „welche dereinst dem Odysseus reichte den Becher, indem sie / Süßen Gesang an dem Webstuhl sanft erhob". Im Grimm'schen Wörterbuch findet man Hinweise darauf, dass das Wort *dereinst* einst respektive dereinst auch in die Vergangenheit wies. Aus den benachbarten Einträgen *dereinsten, dereinstens, dereinstig* und *dereinstmal* lässt sich jedoch deutlich ablesen, dass die Neigung zur Zukunft überwiegt.

SCHON ÄLTESTE Wörterbücher führen die Partikel *ob* (die im Sinn von *wegen* verwendete Präposition wohlgemerkt, nicht die Konjunktion) als vergleichsweise alten Hut und belegen dies mit ebenfalls gut abgehangenen Fundstellen, vornehmlich solchen aus der Bibel: „vnd fielen ein zu Simon ob dem Mahl / vnd schlugen jn sampt den zween Sönen vnd Knechten tod." Trotzdem, um nicht zu sagen *dessen ohnerachtet*, hat diese Präposition bei einigen Kollegen echt einen Stein im Brett, weswegen man kürzlich über die Politiker in Ankara lesen konnte, sie seien „aufgeschreckt ob dessen, was sie angerichtet haben". Die Mörder Simons und seiner Leute wurden übrigens selber kurz danach umgebracht, und zwar – richtig geraten – ob dessen, was sie angerichtet hatten. Es sollte also, wer ältere Sprachschichten betritt, gut aufpassen, dass er nicht stolpert oder gar der Länge nach hinschlägt. Bei der Präposition *ob* kommt es zwar in aller Regel zu keinen größeren Unfällen, aber man handelt sich den Vorwurf der Wunderlichkeit ein. Zu den leicht vergilbten und gerade darum recht charmanten Wörtern gehört das Adverb *gewahr*, das nicht nur mit Bedacht gebraucht werden sollte, sondern auch und jedenfalls richtig. In Verbindung mit *werden* bedeutet es „eine vorher nicht gesehene Sache durch das Gesicht empfinden“ (Adelung), wobei der Gegenstand dieses Empfindens im Akkusativ und Genitiv stehen kann: *den/des Sonnenaufgang/s gewahr werden.* In einem Artikel über den Genremaler Gabriel Metsu war kürzlich vom Christusknaben die Rede, „der sich gerade seiner anstehenden Leiden gewahr wird“. So gut der Ausdruck zu der besprochenen Sphäre passte, so überflüssig war das „sich“, und es fanden sich nicht wenige Leser, die dessen gewahr wurden.

ALS „AUFBLÄHUNG“ empfindet Leser B. das dann und wann verwendete Wort *ansonsten.* Man kann das so sehen. Man kann solche Wörter aber auch deswegen lieben, weil sie in ihrer Umständlichkeit für die Sprache das sein können, was Patina für eine alte Bronzefigur ist: eine schöne, leicht anrührende Zier. Was, Herr B., sagen Sie anitzo dazu?

DER GEHEIMRAT selbst ist schon etwas ziemlich Wunderliches, umso mehr die nach ihm benannten Ecken. Als der Kunstsammler Werner Schmalenbach starb, wurde er im Nachruf als „der große Mann mit den wehenden Geheimratsecken“ geschildert, was Leserin S. zwar lustig fand, aber auch kryptisch. Recht hat sie, denn wenn die Geheimratsecken irgendwas auszeichnet, dann dass sie weder selbst wehen noch dass dort etwas weht. Seitlich von ihnen freilich weht das Haar, und dass dies immer noch so ist, erfreut den Geheimrat.

IN OBERAMMERGAU trugen die Apostel, wie unser Feuilleton bemerkte und unverzüglich meldete, „härene Gewänder“, ein für Leserin H. verwirrendes Detail. Wir Älteren können dazu sagen, dass härene Kleider aus Haar oder groben Fasern gemacht sind und um Gottes willen nicht mit den aus derben Leinen- oder Baumwollstoffen gefertigten „zwilchenen“ Gewändern verwechselt werden sollten.

DIE WENIGSTEN werden heute noch wissen, was man unter Pfründen versteht. Dabei handelte es sich um Kirchenämter, die auch Benefizien genannt wurden und die, wie es im Kirchenrecht heißt, mit einer nutzungsfähigen Vermögensmasse ausgestattet waren und den Amtsinhaber zum Fruchtgenuss berechtigten. Das Wort *Pfründe* hat sich erhalten und wird oft mit dem Adjektiv *fett* gekoppelt, um anzudeuten, dass Pfründner wenig leisten und doch ganz gut davon leben. Bei uns wurde, sehr zum Missfallen des Lesers S., *die Pfründe* als Pluralwort präsentiert, als gäbe es das zugehörige Singularwort *Pfrund*. Es heißt aber in der Einzahl *die Pfründe*, in der Mehrzahl *die Pfründen*, und wenn dann auch noch der Fruchtgenuss stimmt, ist ja alles in bester Ordnung.

DIE GEHOBENE SPRACHE hat mehr Anhänger, als man denkt. Im Kommentar des Lokalteils hieß es anlässlich des Demjanjuk-Prozesses, es bleibe dahingestellt, ob dem Landgerichtspräsidenten dies und das „angelegentlich hätte sein können". Leser E. ließ es sich angelegen sein, dagegen Einspruch zu erheben: Das Wort *angelegentlich* sei ein Adverb im Sinne von *eingehend, nachdrücklich* und könne nicht adjektivisch gebraucht werden. Von dem Punkt an wird die Sache verwirrend, weil der große Duden *angelegentlich* zwar als Adverb führt, als erstes Beispiel aber das klar adjektivische *eine angelegentliche Bitte* präsentiert. Im Grimm wird diese Verwendung mit Kant untermauert, der in der „Kritik der reinen Vernunft" dafür plädiert, „so angelegentliche Untersuchungen" nicht aus Bedenklichkeit aufzugeben. Andererseits: Ist der Lokalkommentator ein zweiter Kant?

ES NISTET VORNEHMLICH in Glossen, das dem Substantiv pathetisch vorgeschaltete Pronomen *welch*. „Welch Vorstellung!", rief ein Glossist kürzlich im Lokalteil; kein Mensch weiß, wieso er dem eh nur aus fünf Buchstaben bestehenden

Wörtchen das „e“ vorenthalten hat. Der Grammatik nach tritt das ungebeugte *welch* in Ausrufen vor *ein* oder attributiven Adjektiven auf: „Seht, welch ein Mensch!“ (Joh 19, 5) oder „Welch reicher Himmel! Stern bei Stern!“ (Goethe). Es geht aber auch ohne diese Einschränkung, wie die Literatur lehrt. „Welch Entsetzen! welche Wahl!“, heißt es abermals bei Goethe, und wenn man aus diesem und ähnlichen Zitaten etwas ableiten darf, dann die generelle Vermutung, dass sich das ungebeugte *welch* bei sächlichen Substantiven am besten macht.

ZWEI JAHRE ruhte das Dokument im Giftschrank, doch nun, zur Festspielzeit, sei es hervorgeholt und nochmal kurz betrachtet. Damals wurde über den Heldentenor Klaus Florian Vogt geschrieben, er sei „mit dem Aufhebens um seine Person ein wenig überfordert“, und man konnte sich des Gefühls nicht erwehren, hier habe jemand den Genitiv in *viel Aufhebens machen* schwer missverstanden. Was für eine Sorte Genitiv das ist, soll die Fachwelt entscheiden; bei vager Betrachtung macht er den Eindruck eines Genitivus partitivus, dergestalt, dass von der Gesamtmenge des Aufhebens ein Teil, nämlich viel, präsentiert wird. Den Wörterbüchern zufolge kommt der Ausdruck aus der Fechtkunst, bei der zu Beginn des Kampfes die Waffen unter großem Brimborium vom Boden genommen, also aufgehoben wurden. Als Paulus sich von den Ältesten der Gemeinde Ephesus verabschiedete, weinten diese sehr, was bei Luther so lautet: „Es ward aber viel weinens vnter jnen allen / vnd fielen Paulo vmb den Hals vnd küsseten jn.“ Schön ist er ja, dieser Genitiv; trotzdem wäre das „s“ seinerzeit besser getilgt worden, und zwar ohne viel Federlesens.

ÄHNLICH GUT ABGEHANGEN ist der Bericht über eine Lesung Richard Fords an der Uni München, die bei „gedämmtem Licht“ vonstattenging. Leserin W., die Versprecher beziehungsweise Verschreiber von Berufs wegen sammelt und einordnet, ließ die naheliegende Frage, ob da um das Licht ein Damm gezogen worden sei, im weiten Feld stehen und freute sich von Herzen über das, was sie für eine Kontamination aus *gedämpft* und *gedimmt* hält. Man darf annehmen, dass der Fund in die Fachliteratur eingegangen ist.

STEHT IN EINER FUSSNOTE „passim", heißt das, dass sich ein Sachverhalt durch den ganzen Text zieht. So war wohl auch der Brief gedacht, in dem sich Leser T. über das Wort *Zeitläufte* echauffierte, ohne genauere Belege anzuführen. (In der SZ kommt es übrigens relativ selten vor, schätzungsweise fünfzehnmal pro Jahr.) Herr T. wollte in seinem Zorn nichts erklärt haben, doch da dies auch eine Finte sein könnte, sei hier kurz wiedergegeben, was Grimm zu den (Zeit-)Läuften sagt. Er spricht von ihnen als „von ganzen zeitabschnitten und den in ihnen geschehenden ereignissen", und keiner von denen, die das alte Wort heute noch benutzen, wird behaupten wollen, dass ihm dieser Sinn gegenwärtig sei. Unser Tipp: *Zeitläufte* nur dann verwenden, wenn sich im selben Satz auch *sintemal, Eidam* und *Afterrede* zwanglos unterbringen lassen.

MODEN UND SPREIZEREIEN

Bedenkt man, wie suboptimal das Zeitfenster ist, durch das die Entschleunigung prokrastiniert werden soll, ist man emotional angefasst. Was das soll? Blättern Sie um, sehen Sie selbst!

DER VORLIEBE für absinkende Wörter entspricht auf der anderen Seite die für auftauchende. Hochbeliebt ist, auch bei uns im Blatt, das die Stelle von *Szenarium* und insbesondere von *Szenerie* nachhaltig, wenn auch nicht gleichwertig vertretende *Szenario*. Leserin Sch. hält es für einen ausgemachten „Blödsinn“ und redet uns folgendermaßen ins Gewissen: „Sie sagen ja auch nicht Universo oder Aquario.“ Tja, was herrscht da? Zunächst einmal Silentio, und zwar betretenes.

„MEIN VATER, MEIN VATER, jetzt fasst er mich an“, ruft das Kind in letzter Not, und wenn wir die Stelle in Goethes bekanntester Ballade richtig deuten, war das, was der Erlkönig mit dem Kind anstellte, etwas anderes als das, was man heute hin und wieder mit der Wendung *emotional anfassen* umschreibt. Erst unlängst wurde bei uns wieder, zum Verdruss von Leser Z., von zwei Zeugen berichtet, die vor eineinhalb Jahren Schlimmes gesehen hatten und „noch immer angefasst“ wirken. Woher die preziöse Wendung kommt, ist schwer feststellbar, doch sieht es ganz danach aus, als würde sie von Sportsleuten besonders gern verwendet. Als zum Beispiel Maria Riesch 2010 in Vancouver ihre zweite Goldmedaille gewann, bekannte der Alpindirektor des DSV, Wolfgang Maier: „Das hat mich schon emotional angefasst.“ Riesch selbst blieb cool und sagte nur: „Wahnsinn!“

VON DER SONNE heißt es in einer Motette Heinrich Schützens, sie freue sich, „wie ein Held zu lauffen den Weg“, und so ähnlich muss es auch dem VfB Stuttgart ergangen sein – mit dem Unterschied, dass bei ihm auf den guten Lauf immer wieder ein unerfreulicher „Anti-Lauf“ folgte. Leser Dr. B. ist zwar ein Freund unserer auf kritische Berichte geeichten Sportredaktion, den von ihr verwendeten Anti-Lauf aber hält er für derart „absolutes Anti-Deutsch“, dass er sogar mit „nichts für anti-gut“ grüßt. Eine überschlägige Suche im

Internet bringt keine letzte Klarheit, ob der Anti-Lauf nur Stillstand ist oder schon Rückwärtsbewegung. Der Terminus scheint beim Pokern üblich zu sein, und so sei denn für Herrn Dr. B., die anderen Leser und den VfB Stuttgart eine Definition aus dieser Sphäre nachgereicht: „Wer einen Pot zugestandenermaßen tragisch verliert, dann aber angetiltet das nächstbeste Coinflip-Szenario sucht und findet, hat eine 50 % Chance, sich selbst in einen Antilauf denken zu dürfen."

DIE ÜBLICHSTEN Adjektive auf *-bar* sind dem Grimm'schen Wörterbuch zufolge unter anderem: *achtbar, dienstbar, kampfbar, schöffenbar* und *wunderbar.* Heute müsste man diese Liste um die Vokabel *unverzichtbar* erweitern, die von vielen umso abgründiger gehasst wird, als sie längst schon in den Duden vorgedrungen ist, in der Bedeutung „so wichtig, dass ein Verzicht unmöglich ist". Das Muster, mit Hilfe des Suffixes *-bar* ein neues Wort zu basteln, ist heute nur noch auf verbaler Basis produktiv, weswegen ja auch das krause Gebilde *unkaputtbar* allgemein als zwar irgendwie lustig, aber dennoch grundfalsch wahrgenommen wird. In einem Editorial hieß es kürzlich, bestimmte Skandale seien nur deswegen zu Skandalen geworden, weil sie „kapierbar" gewesen seien. Leser H. meint, dass man solche Wörter „auch nicht im Spaß gebrauchen" sollte, weil dadurch das Deutsche noch mehr verludere. Sagen wir's so: Technisch ist an *kapierbar* nichts auszusetzen, doch hätte es auch gereicht, wenn die Skandale *zu kapieren* oder, noch besser, *verständlich* gewesen wären (siehe auch S. 10/11).

WAS SOLL MAN MIT EINEM BRIEF wie dem des Lesers R. anfangen, in dem es heißt, „jeder Schmierling (sprich Journalist)" gebrauche heute „bei jeder Gelegenheit, ob passend oder nicht, das Wort Kultur", und in dem ferner behauptet wird, unserem „Sprachduktus" nach gebe es in Syrien derzeit so etwas wie eine „Kriegskultur“? Bei den Schmierlingen sind wir großzügig, da haben wir schon anderes an den Kopf geworfen bekommen, und dass uns hin und wieder Albernheiten wie die Event-, Häppchen- oder Flirtkultur durchrutschen, geben wir anstandslos zu. Ehe wir uns aber die Kriegskultur in die Schuhe schieben lassen, hätten wir ganz gern die Fundstelle: Unserem elektronischen Archiv zufolge wurde das Wort im Jahr 2011 bei uns nämlich überhaupt nicht verwendet.

UM KURZ BEI DEN HANDWERKERN zu verweilen: Leser E. reibt uns mit einiger Süffisanz hin, dass wir uns nicht wundern sollten, „wenn der normale Bauarbeiter eine für ihn gesunde Distanz zur SZ wahrt“. Als Grund dafür nennt Herr E. Wörter wie *veritabel, formidabel* oder *Hybris*, in seinen Augen eine „unsägliche Modesahne“. So krass sehen wir Wortwerker das nicht, aber dass man statt „veritables Problem“ lieber „echtes Problem“ schreiben sollte, darin sind wir mit ihm d’accord – äh, dings, gleicher Meinung.

DER LETZTE BROCKHAUS hat zwar auch schon ein paar Jährchen auf dem Buckel, ist aber, da er „das gesicherte Wissen der Gegenwart“ birgt (Brockhaus über Brockhaus), nach wie vor ein höchst zuverlässiger Weggefährte. In seinem zehnten Band stehen über den Begriff *Ikone* an die drei Spalten, doch findet sich darin kein Wort über die *Ikone*, wie sie heute oft gebraucht wird: als Synonym für *Idol* oder *Vorbild*. Wenn wir Leserin K. recht verstehen, ist ihr nicht nur diese abgeleitete Ikone ein Gräuel, sondern auch und noch mehr die *Stilikone*, besonders wenn sie, wie kürzlich im Streiflicht, ohne Bindestrich dasteht und aussieht wie der Plural von *Silikon*, in den sich ein „t“ verirrt hat. Da wir gerade beim Buchstabentändeln sind: Ewig schade, dass sich Ennio Morricone nicht mit „k“ schreibt – als „Ikone der Filmmusik“, die er immerhin seit langem ist.

WAS LESER R., überspitzt gesagt, auf den Tod nicht abkann, ist das Verb *abkönnen* im Sinn von *ertragen können*. Die Aversion hat mit seiner Herkunft zu tun: R. stammt aus dem Zollernalbkreis, wo dieses Wort nicht gebräuchlich war. Seit er sich nach Niedersachsen verheiratet hat, ist er damit hin und wieder konfrontiert, und jetzt sprang es ihm auch noch aus unserem Feuilleton entgegen, wo Peter Alexander – Friede seiner Asche – bescheinigt wurde, er habe viele bezaubert, „die den Gassenhauern und den Witzen, die er so meisterhaft beherrschte, eigentlich nichts abkonnten“. Herr R. war nicht nur von dem Wort überrascht, sondern auch von der exquisiten Dativ/Akkusativ-Konstruktion, die vermuten lässt, der Autor habe „nichts abgewinnen konnten“ schreiben wollen. Ein korrekt konstruiertes, wenn auch sonst höchst schräges Beispiel fand sich in einem Internet-Palaver: „Das einzige was ich auf den Tod nicht abkann bei Frauen: Ne hässliche Nase. Darauf komme ich gar nicht klar.“ Alles klar darauf?

EIN KINDERSCHÄNDER soll, vermutlich tatbegleitend, „in diversen Internetforen moderiert“ haben. So las sich das bei uns, die *dpa* hatte geschrieben, er sei „Moderator gewesen“. Was immer er da getan haben mochte: Leserin K. will es scheinen, als hätte er dort eher marodiert.

WIE HAT PETER MATIC Prousts „Recherche“ auf die 128 CDs gebracht, die dafür nötig waren? Unserem Literaturteil zufolge hat er das Riesenwerk „eingelesen“, in Analogie zu Künstlern, die eine Symphonie „einspielen“ oder eine Arie „einsingen“. Leser Dr. R. hat das zu der Scherzfrage bewogen, ob Frau Mutter dann wohl Beethovens Violinkonzert „einstreiche“ oder der Hammerflügelkünstler Steiner seine Sachen „einhämmere“. In der Tat ist das Wort „einlesen“ eine etwas riskante Wahl, weil es schon anderweitig besetzt ist: Dateien einlesen, eine Chipkarte einlesen usw. Auch hat Matic, genau betrachtet, die „Suche nach der verlorenen Zeit“ ja nicht eingelesen, sondern eingesprochen. Dennoch scheint uns „einlesen“, auch im Hinblick auf das darin enthaltene Einbringen von Früchten, die *Lese*, eine schöne Bezeichnung für diese Ernteleistung zu sein, und so sei denn Herr Dr. R. auch unsererseits „herzlich eingegrüßt“.

GIBT ES GAR NICHT: In diesen Stand verweist Leserin W. das Wort „Entschleunigung“, das in einem großen Artikel fast zwanzigmal vorkam, nicht aus Jux übrigens, sondern weil es darin um das boomende Geschäft mit der Entschleunigung ging. Das Wort existiert also, und Frau W. wollte mit „Gibt’s nicht“ wahrscheinlich nur sagen, dass sie das Wort als Missbildung ansieht, dass es ihr ähnlich zuwider ist wie dem Kollegen K., der es einst zum „Hasswort der Woche“ ernannte. Der Begriff *Entschleunigung* treibt sein Wesen resp. Unwesen seit 31 Jahren, geprägt hat ihn der Schriftsteller Jürgen vom Scheidt, der auf seiner Homepage verhalten mault, dass er kaum je als Urheber genannt werde. Es sieht nicht so aus, als wolle das Wort nach dem Beispiel anderer Neologismen wieder verschwinden, was sicher nicht an seiner Schönheit liegt, sondern daran, dass die Leute Sehnsucht nach Beruhigung, Abbremsen und Verlangsamung haben. Es ist nicht Sache dieser Rubrik, den Terminus schönzureden, aber da wir mit ihm noch eine ganze Weile werden leben müssen, wollen wir der alten Verben *schlaunen*, *schleunen* und *schleunigen* gedenken, mit denen sich das Präfix *ent-* zur Not schon verbinden lässt.

EINE ERSTAUNLICHE KARRIERE hat „das Teil“ gemacht. Bis vor kurzem bezeichnete man damit ein Einzelstück, das zwar wie „der Teil“ zu einem Ganzen gehört, das es aber zu einer gewissen Selbstständigkeit gebracht hat. So etwa sagt der Automechaniker, er habe jedes Teil des Motors geprüft, doch heißt das nicht, dass er den Motor in Trümmer geschlagen hat.

Mittlerweile ist es so, dass sich „das Teil" auf alles und jedes anwenden lässt, und so kann man denn Aussagen hören wie die, der neue CD-Player sei „ein tolles Teil", das neue Auto hingegen „ein Teil, das nichts als Ärger macht". Das geht so weit, dass Leute, die Wohnungen besichtigen, von der Möglichkeit reden, sich „mit diesem Teil" anzufreunden, was in der Perspektive heißt, dass Neu-Berliner oder Neu-Münchner eines Tages herummaulen, „dieses Teil", also Berlin oder München, sei ja nun wirklich das Allerletzte. Bei uns im Blatt wurden die Heimwerker daran erinnert, bei Installationen „auch das Teil des Rohrs zu reinigen, das in der Wand verschwindet", eine Formulierung, die Leserin B. sowohl für ihr als auch für ihren Teil heftig missfiel.

DER VERLORENE POSTEN ist manchmal kein so trauriger Ort, wie man vermuten möchte. Dies zur Ermunterung von Leser D., der wieder einmal dazu aufruft, das falsche Wort *grottenschlecht* doch endlich durch das richtige *krottenschlecht* zu ersetzen: Es komme nämlich nicht von der Grotte, sondern von der Kröte alias Krotte. Dem ist zuzustimmen, doch dass der Kampf verloren ist, zeigt ein Blick auf das allgemeine Sprachgebaren sowie in den Duden, der die k-Variante überhaupt nicht führt, dafür die g-Wörter *grottendoof, -falsch, -hässlich* und *-schlecht*, freilich mit dem Hinweis, dass der erste Teil dieser Wörter „wohl aus südd. krotten- (zu mundartl. Krotte = Kröte)" abzuleiten sei. Die Kröte kommt bei all dem so schlecht weg, dass ein Vers aus Carl Zuckmayers Stück „Katharina Knie" dreingegeben sei: „Un das allerschönste Tierche / Is un bleibt die Krott, / Weil sie kei Gebimsebamsel / Hinne hänge hott!"

DAS WORT „SUBOPTIMAL" ist schon vielerorts diskutiert worden, auch im Internet, wo ein Zirkel Interessierter einmal zu dem Ergebnis kam, dass dieses Wort zwar existiere, aber seinerseits suboptimal sei. Am ehesten erträgt man es, wenn es in selbstironischem Understatement gebraucht wird, so wie von jenem SPD-Mann, der im Interview zugab, „dass wir uns in den letzten Jahren – ich sage mal – suboptimal dargestellt haben“. Man könnte das so auffassen, dass die „Performance“ knapp unter dem Optimum war, wird es jedoch eher so verstehen, dass sie eine Katastrophe war. Bei uns hieß es kürzlich, der neue Chef des Ingolstädter Armeemuseums übernehme sein Amt „unter suboptimalem Getöse“. War das so gemeint, dass man ein Armeemuseum unter optimalem, vielleicht sogar „optimalstem“ Getöse übernehmen solle?

ÜBERRASCHT UND AMÜSIERT war Leserin P., als sie in einem Feuilletontext las, dass die auf Bildern in ihrer ganzen Schönheit sichtbare Al-Aksa-Moschee „in echt“ natürlich zugebaut sei: Sie selbst habe diesen Ausdruck vor Jahr und Tag gebraucht, wenn sie zusammen mit ihrer kleinen Tochter dem beiden gemeinsamen Hang zu sprachlichen Albernheiten nachgab. Es handelt sich dabei in der Tat, um nicht zu sagen: in echt, um eine ganz pfiffige Fügung, eine Fügung freilich, die von vielen als umgangssprachlich abgelehnt werden dürfte. Das Eigenartige an dieser Konstruktion ist der Umstand, dass sie bei anderen Adjektiven kaum je funktioniert. „In sanft“, „in mehlig“, „in aufgeweckt“: hört sich komisch an. Andererseits kann man zu einem Schreiner, der einem ein sehr schmales Brett andrehen will, sehr wohl sagen: „Haben Sie das auch in breit?“, und beim Anblick eines sehr dicken Menschen darf man sich zumindest denken: In dünn wäre der auch schöner.

WÖRTER GIBT ES, die könnten locker auch in Christian Morgensterns „Großem Lalula“ vorkommen. *Wumpe* zum Beispiel: Klingt das nicht nach nächtlichem Spuk und sprachlichem Zauberwesen? Und doch bedeutet es, als Adverb, so viel wie *egal, gleichgültig, wurscht*, und in diesem Sinn wurde es auch bei uns gebraucht: „Miss Suri ist es wohl wumpe, ob sie Miss Blumarine trägt oder nicht.“ Das wiederum war Leser H. überhaupt nicht wumpe, weniger, weil es über die Herkunft dieses Ausdrucks keine bündigen Erkenntnisse gibt, als vielmehr, weil er bei aller Freude über neue Wörter dieses Exemplar für keine Bereicherung der von seiner Zeitung gewohnten Sprache hält. Dem kann man folgen, nicht aber seiner Vermutung, die Autorin des Textes tanze nun um ihren Schreibtisch herum, weil „ein alter Knacker sich mächtig ärgert“. Das ist nicht die Art der Kollegin, außerdem wird bei uns, wenn überhaupt, nur *auf* den Schreibtischen getanzt.

IN GUTEN GASTHÄUSERN wird zum Aperitif eine Kleinigkeit gereicht, der sogenannte *Gruß aus der Küche*. Der folgende Appetizer kommt zwar nicht aus unserer Küche, sondern von einem „Aussender“ namens INiTS Universitäres Gründerservice Wien GmbH. Er sei aber trotzdem mit einem herzlichen „Wohl bekomm's“ serviert: „Das Wiener Start-up Gnowsis hat ein intelligentes Online Collaboration Tool mit der Cloud-App Dropbox ausgestattet und sich so für den internationalen Markt startklar gemacht.“ Wie sang schon Georg Kreisler so klug vorausahnend: „Befasse dich einmal mit Gnowsis! / Bald wirst du merken, was los is.“

MIT KOPFSCHÜTTELN quittierte Leser W. den Umstand, dass die Leichen der bei dem schweren Busunglück in der Schweiz ums Leben Gekommenen bei uns als „sterbliche Überreste“ bezeichnet wurden. Er hält diesen Ausdruck nicht nur für eine grobschlächtige Wortschöpfung, sondern auch insofern für unsinnig, als „die Sterblichkeit eine Eigenschaft der Lebenden ist, man also, wenn überhaupt, von den gestorbenen Überresten zu reden hätte, was aber natürlich stilistisch die ganze Sache nur noch verschlimmern würde“. Ob Herr W. damit recht hat, dass der Terminus dem „klerikalen Milieu“ entstammt, in dem man es nicht gern sieht, wenn wir Laien die Existenz der unsterblichen Seele vergessen, bleibe dahingestellt. Schlüssiger scheint die Erklärung zu sein, dass die Menschen, ob geistlich oder nicht, den Tod generell mit einer gewissen Scheu betrachten und beim Reden über ihn nach Ausdrücken suchen, die den Gegenstand etwas glimpflicher machen. Man bezeichnet solche Ausdrücke als Euphemismen, was von griechisch *euphemía* kommt und *Sprechen guter, glückbedeutender Worte* heißt; wie unwohl uns bei ihrer Verwendung ist, zeigen die deutschen Synonyme, als da sind *Glimpfwort, Beschönigung, Hehlwort, Hüllwort* oder *Verbrämung.* Wir werden die Euphemismen nicht mehr losbringen, und manchmal sind sie ja unstrittig von Nutzen. Da sie indessen, Stichwort *Endlösung*, auch für Schrecklichstes schon haben herhalten müssen, sollte man sie sich von Fall zu Fall gut ansehen. Anstelle der in der Tat eher peinlichen „sterblichen Überreste“ haben wir das altersschöne Wort „Leichnam“, in dessen Gebrauch – Herr W., bitte mal kurz weghören! – nach theologischem Verständnis das Wissen zutage tritt, dass im Todesgeschehen der Mensch als Ganzes, als geistig-(seelisch-)leibliche Einheit betroffen ist und in geheimnisvoller Weise überdauert. Hie und da kann so etwas doch ruhig mal anklingen, oder?

DER KLEINE LÜCKENTEXT-TEST. Die dadp verbreitete kürzlich folgende Meldung: „In Nepal soll ein Mann seine drei Töchter im Schlaf mit Steinen zu Tode gequetscht haben. [...] ereignete sich Polizeiangaben zufolge am Freitag im Haus der Familie in einem abgelegenen Bergdorf rund 80 Kilometer südlich der nepalesischen Hauptstadt Kathmandu.“ Welcher Begriff ist hier durch Pünktchen ersetzt: das Verbrechen, die Untat, die Katastrophe? Nichts davon. In der Nachricht hieß es „der Zwischenfall“, und man vermisst nur noch den Dorfältesten, der sich die Sache ansieht und „Schöne Bescherung“ sagt.

ILJA ILJITSCH OBLOMOW ist ein Held von ganz eigenartigem Zuschnitt: willensschwach, antriebslos, lethargisch, parasitär bis zur Selbstaufgabe. Genau deswegen hat er es aus Iwan Gontscharows Roman bis in die Psychiatrie geschafft, und wer sich wie er verhält, von dem sagt man, er obliege der Oblomowerei (russ. *oblomovschtschina*). In einem Bildtext hieß es nun bei uns, dass zwei im Bett sitzende Schauspielerinnen „oblomowisieren", wogegen Leser H. anführt, dass es, wenn man schon zu diesem Wort greife, „oblomowieren" lauten müsse. Klingt fast wie „promovieren", was Oblomowisten indessen so fern liegt wie nur irgendwas.

„WER JEDEN TAG NUR KUCHEN FRISST, der weiß ja nicht, wann Sonntag ist", sagt der Volksmund. Genauso verhält es sich mit den Stilfiguren: Sie geben dem Text einen feiertäglichen Anstrich, und man sollte sich deswegen hüten, sie in jeden Werktagstext einbauen zu wollen. Hochkonjunktur hat zur Zeit eine rhetorische Figur, die man mit Begriffen wie Ausklammerung, Ausrahmung, Extraposition oder Herausstellung umschreibt. Es handelt sich dabei um eine syntaktische Konstruktion, durch die ein satzgliedwertiger Ausdruck nach links oder rechts herausgestellt wird, wobei sein ursprünglicher Platz durch ein Korrelat markiert ist. Klingt krauser, als es aussieht: *Die Prüfung, die hat Max bestanden.* Der Rundfunk bietet Tag für Tag Beispiele dafür, wie diese auf Gewichtigkeit erpichte Figur banalisiert werden kann: *Die Temperaturen, sie erreichen 27 Grad; der Regen, er verzieht sich allmählich.* In solchen Fällen kann auf die Herausstellung verzichtet werden, *der Regen verzieht sich* reicht zur Beschreibung des Sachverhalts völlig. Bei uns wurde eine Lokalposse aus Iphofen als Thema für „Dahoam is dahoam" auf Fränkisch vorgeschlagen, mit folgender Perspektive: „Die ersten BR-Folgen aus Iphofen, sie könnten gut werden." Leser Dr. B., er hält das für preziös. Recht hat er.

POSITIV GESTIMMTE MENSCHEN sehen in allem eine Chance, möglicherweise in verborgener Übereinstimmung mit Hölderlin, der da sagt: „Wo aber Gefahr ist, wächst das Rettende auch." Diese Einstellung wirkt im allgemeinen sehr aufbauend. Wenn beispielsweise jemand in den Fluss gefallen ist, braucht er keine hundert Lacher, sondern einen, der ihm nachruft: „Du musst das als Chance sehen!" Möglicherweise kommt er dann ja wirklich nicht nur lebend heraus, sondern sogar mit einem dicken Fisch im Jackenärmel. Nichtsdestoweniger sollte man es auch hier nicht übertreiben, jedenfalls nicht so wie die zwei Kolleginnen, die Ulla Schmidt im Interview fragten, was sie täte, wenn sie die „Chance" hätte, einem Kind die Krankheit Chorea Huntington zu vererben. Frau Schmidt ließ sich das Risiko nicht entgehen und antwortete, sie würde darüber nachdenken, ob sie bei so einer Disposition überhaupt schwanger werden wolle.

NEIN, DIESE KREISE! Am 27. April meldete Reuters: „Der Medienkonzern News Corp erwartet Kreisen zufolge bis zum Ende der Woche Gebote für sein Online-Netzwerk Myspace." Diese Neuigkeit wurde von uns wortwörtlich nachgedruckt: „Der Medienkonzern News Corp erwartet Kreisen zufolge bis zum Ende der Woche Gebote für sein Online-Netzwerk Myspace." Das hätten wir besser gelassen, denn Leser S. hat darauf nur gewartet. „Wieder einmal!", schrieb er, womit er sich auf einen kurz zurückliegenden Brief bezog, in dem er unter dem Motto „Die Kreise haben wieder einmal zugeschlagen" daran erinnerte, dass die Kreise als solche irrelevant sind und nur in erweiterter Form – Regierungskreise, börsennahe Kreise, gewöhnlich gut unterrichtete Kreise – als Gewährsgremien angeführt werden können. Dazu aus dem Redaktionskreis ein kleiner Hintergrund. Der englische Originalsatz lautete folgendermaßen: „News Corp is expected to receive bids for Myspace by the end of this week, according to a person familiar with the matter." Die Kreise waren also gar keine, nicht mal ein einzelner, sondern eine mit der Sache vertraute Person, und wer jetzt noch den in der Tat miesen Englischkenntnissen des Kolumnisten misstraut, für den sei die bei Google erhältliche Automatenübersetzung beigegeben: „News Corp wird voraussichtlich Woche erhalten Gebote für Myspace bis Ende dieses, nach einer Person mit der Materie vertraute."

ALS JESUS von den Toten auferstanden war, saß in der verlassenen Grabeshöhle ein weiß gekleideter Jüngling, der zu den frommen Frauen also sprach: „Ihr suchet Jesum von Nazareth, den Gekreuzigten; er ist auferstanden, und ist nicht hier." So steht es beim Evangelisten Markus. Angenommen, das Wundersame begäbe sich hier und heute, und der Jüngling im lichten Gewande wäre ein junger Kollege, frisch von der Journalistenschule. Bei ihm könnte der Botschaft zweiter Teil folgendermaßen lauten: „Er ist auferstanden. Und ja, er ist nicht hier." Ist eine Sprachmarotte erst einmal in der Welt, setzt sie sich mit erstaunlicher Hartnäckigkeit fest. Sie breitet sich aus wie ein Unkraut, etwa wie die Quecke, die sich mittels unterirdischer Rhizome und über Samenbildung vermehrt und der man selbst mit Bodenbearbeitungsgeräten nicht beikommt, weil damit die Rhizome zerteilt werden, die Quecke also auf mechanischem Weg vervielfältigt wird. Auf „und ja" bezogen heißt das, dass diese Marotte besonders über rhizomartig fortwuchernde Zeitungsartikel und schwer besamende Kommentare weiterverbreitet wird, und wenn man sich mit einer Scheibenegge wie diesem Labor an das Unkraut macht, sieht man sich wenig später mit der Tatsache konfrontiert, dass es an tausend anderen, bisher sauberen Plätzen emporsprießt. Unser Archiv spuckt für die vergangenen zehn Jahre 1194 „und ja"-Belege aus. Der jüngste kommt von der *Frankfurter Allgemeinen*, aus einer Literaturkritik: „Natürlich findet sie Geld und Macht sexy, und, ja, sie bricht ihm das Herz." Den ältesten steuert die *Zeit* bei, in einem Text über eine Ausstellung im Kensington Palace, welche „die Hoffnungen, Sehnsüchte, Ängste, das Glück und, ja, das Unglück der Prinzessinnen sichtbar" machen soll. Das könnte so aussehen, als sollten ein paar prominentere Sündenböcke vorgeschoben werden. Dem ist nicht so. Die *Süddeutsche* ist an der „und ja"-Mission maßgeblich beteiligt, sie steuert 37 Prozent der Fälle bei, 323 genau. Hier ein beliebig herausgepicktes Beispiel, aus einem lokalen Sportbericht: „Am Zaun lehnt ein Spieler von Sechzig, und ja, man kann mit ihm reden." Das Muster ist immer gleich. Mit dem „und ja" wird ein zweiter oder weiterer Teilsatz eingeleitet, der an seinen Vorläufer sonst mit „und" anschlösse. Diese Abfolge ist dem Autor aber zu schlicht, weswegen er so tut, als hätte irgendwer Zweifel am Fortgang geäußert oder das Kommende bereits vorweggenommen. Konstruieren wir ein Beispiel: Die Sonne scheint, und es ist heiß. Man könnte nun schreiben: „Die Sonne scheint, und es ist heiß." Der Autor aber denkt: Offenbar will mir keiner glauben, dass es bei Sonnenschein heiß ist, bzw.: Hat da nicht gerade wer gesagt, es sei auch heiß? So schreibt er denn: „Die Sonne scheint, und ja, es ist heiß." Die Quecke wächst und wuchert. Und nein, man kommt nicht dagegen an.

DIE STEHENDEN OVATIONEN hat jeder von uns schon mal gesehen und belächelt, wir nehmen sie mittlerweile hin wie den nicht enden wollenden Applaus, der ja in der Tat eine Vorstufe der stehenden Ovation ist. In Ottobrunn gab es dazu eine Neuerung, die von Leser St. mit wohlwollendem Staunen registriert wurde. Die dortige Ballettschule hatte das Weihnachtsmärchen „Die Schneekönigin" getanzt (um nicht, mit einer anderen Theaterfloskel, zu sagen: auf die Bühne gestemmt), und wie wurde es ihr gelohnt? Es wurde ihr „mit stehend verabreichten Applausstürmen" gelohnt. Im Interesse der meist recht leicht gekleideten Balletteusen ist zu hoffen, dass auch sie enden wollend waren.

NESTBESCHMUTZUNG ist erlaubt, wenn bereits Dreck im Nest ist; sie erwächst zur Pflicht, wenn das Nest anders nicht sauber wird. So könnte man in Abwandlung jenes Aphorismus sagen, den Karl Kraus der Selbstbespiegelung gewidmet hat. Wir haben uns lange um die Sache herumgedrückt, dabei aber die Rechnung ohne den Wirt gemacht, sprich: ohne die Leser, die den Fall immer wieder aufgegriffen und dieser Rubrik in aller Freundlichkeit unterstellt haben, sie sei halt auch nur Krähe unter Krähen und habe entsprechende Hackhemmungen. Gemeint war damit, dass zwar der Splitter im Auge der Kollegen gesehen werde, nicht aber der Balken im Auge der Hierarchen. Es geht um die neue Edition „Meister Singer", die es sich zur Aufgabe gemacht hat, die bewährten Editionen „Klavier Kaiser" und „Jahrhundert Geiger" nicht nur materiell fortzusetzen, sondern auch mit dem nämlichen Fehler im Titel. In der Tat hält die Redaktion sich aus der Gestaltung solcher Projekte in aller Regel heraus, doch wenn unser eh schon mühsames und leider immer wieder von Pannen begleitetes Streben nach sprachlicher Korrektheit auf diese Weise unterlaufen wird, muss man doch mal kurz aufjaulen und daran erinnern dürfen, dass es im Deutschen die Möglichkeit gibt, Wörter so zusammenzusetzen, dass ein neues daraus entsteht. So zum Beispiel wird aus der an Formen reichen *Hose* und dem durch Kraft beeindruckenden *Träger* ein einmaliges Drittes, nämlich der für seine stillen Dienste zu Recht geschätzte *Hosenträger.* Wenn nun dem Grundwort *Singer* (besser wäre *Sänger*, denn so heißen diese Leute nun mal) das Bestimmungswort *Meister* vorgeschachtelt wird, so haben wir den *Meistersinger/-sänger*, der dem *Hosenträger* insofern aufs Haar gleicht, als es keinen Grund gibt, ihn getrennt zu schreiben. Für die legitime Getrenntschreibung findet sich eine Menge anderer großer Meister: der Meister Proper, der Meister Eckhart, der Meister Eder (und sein Pumuckl), der Meister Bertram (von Minden) und nicht zuletzt der Meister des Frankfurter Paradiesgärtleins.

3

DAS GEHEN AUF STELZEN macht zwar einiges her, ist aber, was die Trittsicherheit anlangt, dem normalen Gang deutlich unterlegen. Das gilt auch im Sprachlichen, wie man an der Verdrängung des guten alten, gewissermaßen fußläufigen Wortes *fördern* durch das preziös gestelzte *befördern* sieht. Wo immer heutzutage die Staatsverdrossenheit, der Aufschwung, die Streitkultur und was nicht noch alles *gefördert* wird, liest man, sie würden *befördert* – dabei bleiben sie, anders als bei Transporten sonst üblich, an Ort und Stelle. Ähnlich verhält es sich mit dem Wortpaar *brauchen/gebrauchen*. Kürzlich war bei uns zu lesen, dass General Petraeus „eine Abzugsdebatte nicht gebrauchen" könne, was in Leserin F. die Schreckensvision zeitigte, unter Liebesleuten könnte es demnächst heißen: „Ich liebe, ich gebrauche dich!" So werden durch unbedachtes Stelzengehen Ängste geschürt, um nicht zu sagen: befördert.

DER SCHÜTTELREIM gilt als nicht ganz stubenrein, doch ändert das nichts daran, dass es einiger Kunstfertigkeit bedarf, ihn sauber zu produzieren. Hier ein in seiner Bosheit besonders schönes Beispiel, gemünzt auf den Philosophen Hermann von Keyserling oder, nach anderer Lesart, auf den Schriftsteller Eduard von Keyserling: „Als Gottes Atem leiser ging, schuf er den Grafen Keyserling." Bei dieser Reimform werden die Anfangskonsonanten der Endsilben miteinander vertauscht, und insofern hätte natürlich, wie Leser R. richtig sagt, der Reim „No drama – Obama!" nie und nimmer als Schüttelreim bezeichnet werden dürfen. Wollte man ihn richtig konstruieren, käme „No drama – dro nama!" heraus, ein in sich schlüssiges, aber für Obama völlig wertloses Gebilde.

HAMBURGER haben einen feinen Sinn für Schiffe, und so verwundert es nicht, dass der dort ansässige Leser B. den Text über die entführte *Hansa Stavanger* mit Interesse studiert hat. Während er aber dessen Titel „Ein mitgenommenes Schiff" als schönes Wortspiel lobte, geriet er über den im Untertitel einherschwimmenden „stolzen“ Frachter beinahe in Rage. Einem Schiff seien Affekte wie Stolz oder Demut naturgemäß fremd, das „stolze Schiff“ höre sich an wie das „altehrwürdige Gemäuer“, also antiquiert. Linguisten sprechen bei solchen Gebilden von Kollokation, von einem erwartbaren Miteinander zweier oder mehrerer Wörter aufgrund von konzeptueller Stereotypie. Wenn man vor so viel Begrifflichkeit auch den Hut ziehen muss, sollte man den tragischen Unfall, die harsche Kritik, die kontroverse Debatte und den eingefleischten Junggesellen zusammen mit dem stolzen Frachter dennoch fürs Erste im – na? richtig! – sicheren Hafen lassen.

IM FEUILLETON – wo sonst? – fand sich ein Wort, dem man früher das Prädikat „für die gebildeten Stände“ gegeben hätte, nämlich „prokrastinieren“. Die Eiligeren unter den gebildeten Lesern hätten auf den Gedanken kommen können, hier sei von dem mythischen Riesen die Rede, der Fremde nach dem Maß seines Bettes zu strecken oder zu kürzen pflegte, doch hieß der Mann ja Prokrustes und nicht Prokrastes. Nein, das kostbare Verb kommt vom lateinischen *procrastinare* gleich *vertagen, aufschieben* und war insofern schon in Ordnung. Streiten könnte man allenfalls über die Konstruktion „(wir) prokrastinieren so vor uns hin“. *Procrastinare* verlangt nach einem Akkusativobjekt, wie schon das Sprichwort lehrt: Was du heute kannst besorgen, das prokrastiniere nicht auf morgen. In dem Text kam übrigens auch der rare Terminus „fette Muppe“ vor, aber das ist nun wirklich nichts für die gebildeten Stände.

„HOFFENTLICH SPLITTERT dabei die Scheibe nicht“, schrieb Leser Dr. H. und bezog sich auf die Bremer Reederei Beluga, die im Sommer die Nordostpassage nutzen will, weil da für „ein kurzes Zeitfenster“ das Eis aufreiße. Die SZ hatte das lediglich zitiert, kann also bei allfälligen Glasschäden nicht herangezogen werden. Nichtsdestoweniger fassen wir Dr. H.s Ausruf als Mahnung auf, in verwandten Fällen lieber „für kurze Zeit" zu schreiben und auch die Bandbreite, die Gretchenfrage, die Nagelprobe, den Quantensprung, den Lackmustest und den Stellenwert so oft wie möglich durch ihre Grundwörter Breite, Frage, Probe, Sprung, Test und Wert zu ersetzen.

EIN KONZISER, WITZIGER TITEL sichert dem darunter stehenden Artikel Aufmerksamkeit und erfreut darüber hinaus den für solche Künste empfänglichen Leser. Wo dieser Wortzauber seine Grenzen hat, sah man unlängst an der Überschrift zu einem Artikel über ein mobiles Klo auf Bob Dylans Grundstück in Malibu. Sie lautete „Jauchet! Frohlocket!", und wer unter den Lesern das fehlende „z" bei „jauchet" überhaupt bemerkte, dankte seinem Schöpfer, dass die zwei zur Verfügung stehenden Zeitungsspalten dem Jux ein natürliches Ende gesetzt hatten. Das Zitat aus dem Weihnachtsoratorium geht weiter mit „Auf, preiset die Tage", und wer weiß, was bei der klanglichen Ähnlichkeit von Preis und Scheiß erst daraus noch geworden wäre.

KUNST SEI SCHÖN, sagte Karl Valentin, mache aber viel Arbeit. Diese Arbeit nahm Leser K. auf sich, um der Schönheit eines Feuilletonsatzes auf die Spur zu kommen. Er ließ den Satz durch Google ins Englische und danach wieder zurück ins Deutsche übersetzen, doch nicht einmal durch diese, wie K. freimütig zugibt, etwas unfaire Methode verlor der Originalsatz an Feuer und Stringenz. Hier ist er: „Vor diesem Hintergrund war es nicht weiter verwunderlich, dass sich auf dem Podium, das der sehr musikaffine Theaterwissenschaftler Jens Malte Fischer mit in ihrer Süffisanz nicht gänzlich von individuellen Implikationen freier und somit vor allem postulierter Objektivität genussvoll moderierte, kein echter Befürworter eines Marstall-Saals befand.“ Wir haben, um sicherzugehen, eine zusätzliche Probe gemacht. Auf Finnisch beginnt unser Satz folgendermaßen: „Tätä taustaa vasten ei ole yllättävää, että puhujakorokkeelle“, und wenn nicht alles täuscht, gewinnt er bei der Rückübersetzung in der Mitte sogar noch an Dichte: „Jens Malte Fischer Süffisanz nicht voll Auswirkungen von individueller Freiheit und daher ein besonderes Vergnügen.“

DAS OXYMORON ist unter den rhetorischen Figuren so etwas wie das Urviech, wovon das hochbetagte Scherzgedicht „Dunkel war’s“ beredt Zeugnis ablegt. Zur Erinnerungsstütze: „Dunkel war’s, der Mond schien helle, / schneebedeckt die grüne Flur, / als ein Auto blitzesschnelle / langsam um die Ecke fuhr.“ So geht das Strophe für Strophe weiter, bis hin zu der Quellenangabe „Dies Gedicht verfasste Goethe / abends in der Morgenröte ...“ Beim Oxymoron werden, wie man sieht, Ausdrücke von gegensätzlicher Bedeutung zusammengeführt, eine Kombination, wie sie Leser H. auch in der Berichterstattung zum Archiveinsturz in Köln entdeckte. Darin wurde Stadtdirektor Guido Kahlen so zitiert: „Es drängt sich der Eindruck auf, dass der Baustellenbereich ursächlich für den Einsturz ist“, und der zitierende Kollege wertete dies als „ebenso geschraubt wie unumwunden“. Wahrscheinlich meinte er „ebenso geschraubt wie ehrlich“, denn dass der Satz sowohl geschraubt als auch mächtig umwunden ist, liegt auf der Hand.

WENN LEHRERINNEN leiden, sind wir zur Stelle, noch dazu wenn wir selbst es sind, deretwegen sie leiden. Leserin S. – sie ist Deutschlehrerin von Beruf – lief es „kalt den Rücken herunter“, als sie in der *Nordwest-Zeitung*, offenbar ihrem Hausblatt, von der „Verkurzfristigung der Politik“ las. Was das uns angeht? Einiges, denn diese „Verkurzfristigung“ war kein Eigenprodukt der nordwestlichen Kollegen, sondern ein unter deren „Pressestimmen“ aufgeführtes Zitat aus der SZ. Bei uns im Blatt kam das Wort erst zweimal vor, und beide Male troff es aus der nämlichen Feder – einer sonst anerkannt sicheren Feder übrigens, weswegen wir deren Halter nur behutsam ermahnten, das doch lieber bleiben zu lassen. Nun aber noch eine Frage an die Deutschlehrerin S.: Läuft es einem kalt den Rücken „herunter“ oder „hinunter“? Unserem Gefühl nach müsste es „hinunter“ heißen, weil die Kälte sich vom Kopf, der sie registriert, doch wegbewegt. In Bayern, wo sich, wie der Duden bestätigt, der Sinn für derlei Unterschiede länger als anderswo gehalten hat, sagt man, es laufe einem kalt „åwe“ oder „nunddà“ – ein Beitrag, wenn man so will, zur Verlangfristigung sprachlicher Feinheiten.

WENN IM FEUILLETON von einer Kulturaffäre behauptet wird, diese sei eine Geschichte „voller Pathos und Tschindaradei“, dann leuchtet bei vielen Lesern das auf, was beim Schreiber des Textes und seinem Redakteur leider nicht aufgeleuchtet hat: das Warnlicht. Da ist es freilich zu spät für eine Korrektur. Wofür es indes nie zu spät ist, das ist die öffentliche tätige Reue. Wohlan denn! Bei „Tschindaradei“ handelt es sich um eine Kontamination, um ein sogenanntes Kofferwort von Schlag der „Stagflation“. Ihr vorderer Teil kommt von dem aus der Blasmusik sattsam bekannten „Tschingderassabum“, der hintere von dem freudig bewegten Ausruf „Tandaradei“, den Walther von den Vogelweide in die Liebeslyrik eingeführt hat: „Kust er mich? wol tûsentstunt! tandaradei! seht, wie rôt mir ist der munt.“ Ob Herr Walther, selbst bei Kenntnis des Bayerischen Defiliermarsches, „Tschindaradei“ gedichtet hätte? Wohl kaum.

DER LUST, Substantiva zu Verben umzuformen, sind in der SZ einige Kollegen mit Haut und Haar verfallen, und in Ausübung dieser Lust kam es einmal zu der gewagten Konstruktion „er worthülst". Leser H., der in dieser Sache auf dem Quivive ist, schrieb uns dazu, dass man zwar nicht jedes Wort goldwaagen solle, dass gegen das Verb „worthülsen" aber doch einiges spreche. Beispielhaft nannte er die Unmöglichkeit, es nach dem Muster von „eislaufen / ich laufe eis" in seine Bestandteile zu zerlegen. „Ich hülse wort" geht in der Tat nicht, und so sei denn der Kollege hiermit sowohl straf- als auch denkgezettelt.

ÄNGSTLICHKEIT ist nun wirklich das Letzte, was eine Kolumne wie diese sich leisten darf. Dennoch ist anlässlich der Erörterung des von einem Kollegen erfundenen „worthülst" – siehe die obige Glosse – der Eindruck entstanden, das Sprachlabor habe Angst vor witzigen Ad-hoc-Prägungen, verschließe womöglich die Augen vor den reichen Wortbildungsmöglichkeiten des Deutschen. Dass es der Sprachwissenschaftler Dr. B. ist, der diesen Eindruck hat, macht die Sache zur Ehrensache, und so sei denn hier an Eides Statt versichert, dass das wohlverstandene Spiel mit Wörtern in der SZ immer seinen Platz hat, nicht zuletzt aus Verehrung für Matthias Claudius und sein „Schreiben eines parforcegejagten Hirschen an den Fürsten, der ihn parforcegejagt hatte". Professor B. hat zu unserer Ermunterung drei Sätze aus dem Ärmel geschüttelt: „Er zwölftönt den ganzen Abend", „Er holzklotzt im Hof" und „Er holznagelt das Boot". Problematisch mutet der mittlere Satz an: Was tut der Mann, der im Hof holzklotzt? Dem Sinn nach könnte er Holz hacken. Dem schieren Wortlaut nach sieht es aber ganz so aus, als stehe er im Hof herum und mache, was sonst der Holzklotz macht. Nur: Was sollte das sein?

DAS ERINNERN ist nach Ansicht des Lesers Dr. K. ein per se rückwärtsgewandter Vorgang, weswegen es der verstärkenden Begleitung durch *zurück* nicht bedürfe. Herr K. bezieht sich auf eine Buchrezension, in der es von einem jungen Afghanen hieß, er erinnere sich „zurück an die seltsamste Geschichte seines

Lebens“, und da er schon einmal in Fahrt ist, legt er auch gleich den Finger auf das ähnlich redundante Wort *zurückerstatten*. Schon in Grimms Wörterbuch wird *zurückerinnern* mit dem Hinweis „kaum noch üblich“ versehen. Dass es immerhin Goethe noch verwendete, zeigt sein fein konstruierter Satz aus den „Wahlverwandtschaften“, in denen der Graf zu Charlotte sagt: „Wenn ich mir die Jahre zurückerinnere, da Sie und Eduard das schönste Paar bei Hof waren; weder von so glänzenden Zeiten noch von so hervorleuchtenden Gestalten ist jetzt die Rede mehr.“

„DOPPELT GEMOPPELT“ ist kein Terminus der Sprachwissenschaft, dort sagen sie „Pleonasmus“ oder „Tautologie“ zu Gebilden, die sich durch verbale Redundanz auszeichnen: *alter Greis, zusammenaddieren, bereits schon*. Der 75-jährige Professor, der „um das Recht, weiterarbeiten zu dürfen“, kämpft, ist zwar noch ein junger Greis, aber die auf ihn gemünzte Aussage ist, wie Leser E. anmerkt, insofern ziemlich redundant, als das Dürfen im Recht allemal enthalten ist. Herr E. wird uns nicht böse sein, wenn wir uns das Recht nehmen, dergleichen unter die lässlichen Sünden rechnen und ohne große Bußleistungen vergeben zu dürfen

DEM LEITARTIKLER, dem bei der FDP „der geistige Esprit“ fehlte, attestiert unsere Leserin K., dass der „Niedergang dieser Partei nicht nur seine liberale Seele psychisch tief getroffen“ habe. Für die FDP ist dieses Manko übrigens noch aus einem anderen Grund fatal. Auf *Brigitte.de* verriet einmal eine Frau, „dass mich erst der geistige esprit eines mannes so richtig anmachen kann und ich mich dann auch sexuell zu ihm hingezogen fühle“.

OB NUN DIE BEATLES wirklich vor fünfzig Jahren aufgetaucht sind oder nicht, soll uns hier nicht kratzen, wohl aber, dass dazu bei uns ein Zwischentitel erschien, dem zufolge die Band sich über ihre eigene Bedeutung anfänglich „keine falschen Illusionen" machte. Leser S. schreibt dazu „Na, na!", ein Statement, dem wir uns vollinhaltlich anschließen.

WOLLTE MAN ALLES, was Leserin H. an sprachlichen Unachtsamkeiten zusammengetragen hat, hier erörtern, würde das den Rahmen dieser Betrachtungen gewaltig erweitern, ja wahrscheinlich sprengen. Darum für heute nur ein Monitum von vielen. Frau H. hat sich über „psychisch und seelisch kranke Heimbewohner" gewundert und daran die Hoffnung geknüpft, dass der Autor dieser Diagnose „wenigstens körperlich und physisch gesund" sein möge. Das ist, wie wir verraten dürfen, der Fall.

MIT DER TAUTOLOGIE ist das so eine Sache: Sagt einer, der habe seine Arbeit „bereits schon" erledigt, gilt er als stilistisch unsicher, doch wenn ein Redner ausruft, er sei „immer und ewig" für seine Wähler da, fängt er damit Stimmen. Die bei uns erst kürzlich wieder mal verwendete Tautologie „so dermaßen" ist Leserin Th. so zuwider und dermaßen verleidet, dass sie deren Verfasser gleich noch etwas rot anstrich: den Passus, wonach Janosch mit der Nachricht, er habe keine Lust mehr zu arbeiten, seine vielen Fans „erschrak". Ob der Kollege wohl erschreckt, wenn er dies liest?

DER SUPERLATIV von *bonus* (lat. gut) lautet *optimus*, und insofern geht über unser Lehnwort *optimal* nichts mehr drüber. Trotzdem hört man immer wieder Leute sagen, dies oder jenes sei „das Optimalste", und da schmunzeln die Gebildeten dann immer feinsinnig in sich hinein. In dieser Kategorie der Supersuperlative hat sich die „oberste Priorität" kommod eingerichtet, und gleich neben ihr haust der „Super-GAU", den unser Leser H. in einer TV-Rezension entdeckt hat. Seit wir gelernt haben, dass der GAU der „größte anzunehmende Unfall“ ist, kommt uns der Super-GAU in der Tat wie ein GAU auf Stelzen vor, aber in diesem Fall sollte man doch Gerechtigkeit walten lassen. Technisch gesehen ist nämlich der GAU ein Störfall, für dessen Beherrschung eine kerntechnische Anlage ausgelegt ist, wohingegen man in Fällen, bei denen die Sicherheitssysteme versagen und radioaktive Substanzen austreten, von einem Super-GAU spricht. Optimalst ist beides nicht.

DIE MEHRHEIT ist die größere Menge oder Anzahl aus einer Gesamtheit, und insofern gehört es zu ihrem Wesen, die kleinere Menge oder Anzahl, also die Minderheit, zu überwiegen, wie das ja auch in dem kernbayerischen Haupt- und Staatsmotto „Mia san de mehran, mia san de schweran“ bündig niedergelegt ist. Aus diesem Grund dürfte es die „überwiegende Mehrheit“ eigentlich gar nicht geben, doch wie so vieles, das es gar nicht geben dürfte, führt sie vor allem in den Medien das ausgebreitetste Leben. Da Leser H. den Pleonasmus auch bei uns im Blatt gefunden hat, legt er uns dringend ans Herz, den weißen Schimmel abzuschirren respektive die tote Leiche wegzuschaffen. Wir merken uns, dass die Mehrheiten einfach, knapp oder überwältigend sein können. Das Überwiegen macht sich in anderen Zusammenhängen besser, und Grimms Deutsches Wörterbuch bietet dazu ein ebenso schönes wie altes Exempel: „so du schon hefftig feyszt wurdst und ein grossen leib überkumpst, wirstu doch nimmer so grosz, das du ein feyszten ochsen überwigest.“

BAIRISCHES UND REGIONALES

Die Frage, ob man Fleischpflanzl schreibt oder Fleischpfanzl, wird auf ewig ungeklärt bleiben. Weswegen man sich ja auch nicht unnötig aufmanteln resp. aufmanndln sollte.

WOS DAMA? Nach landläufiger Auffassung ist das bairisch und bedeutet: Was tun wir? Üblicherweise antwortet man darauf: *Rama dama*, was so viel heißt wie: Räumen tun wir. Das kann als Aussage oder Aufforderung verstanden werden, und als Letztere schreibt man sie dem vormaligen Münchner Oberbürgermeister Thomas Wimmer zu, der damit die Leute aufrief, den Kriegsschutt zu beseitigen. Unser Magazin stand kürzlich unter dem Motto „Rama dama", wozu die Kollegen gleich die Übersetzung „Wir räumen auf" lieferten. Vordergründig ist das richtig, hintergründig nicht, weil es zwischen *räumen* und *aufräumen* einen sachlichen Unterschied gibt, der sich auch sprachlich bemerkbar machen sollte. *Wir räumen auf* hieße auf Bairisch *auframa dama* beziehungsweise *auframma damma*. Selbst wenn es alle so machen, sollte man nicht *rama dama* schreiben, sondern *ramma damma* – nur diese Version entspricht dem gesprochenen Dialekt. Schließlich nannte man den Wimmer Thomas auch nicht *Damerl*, sondern *Dammerl*.

HAT DER BÜRGER viel zu *kamellen*? Bei uns wurde das bezweifelt, zur Irritation von Leser Z., der dieses Wort nirgends findet. Der Sinn erschließt sich schnell, und nach diesem Sinn hätte der Bürger nicht viel *zu reden, zu meckern, zu melden*. Wie es aussieht, ist der Begriff ein rheinisches Gewächs. Als sich Kardinal Joachim Meisner einmal über ein modernes Kirchenfenster im Kölner Dom aufregte, schrieb der *Tagesspiegel*, dass Meisner zwar das geistige Oberhaupt des Erzbistums sei, „doch im Dom hat er nichts zu kamellen, wie es auf gut Rheinisch heißt". Das walte Gott.

SCHLIESSLICH NOCH DIES: Nach Ansicht des Lesers H. sollte darauf hingewiesen werden, dass der österreichisch Trainer, der einen deutschen Journalisten unlängst „leicht fett" nannte, nicht dessen körperliche Beschaffenheit im Auge hatte. Vielmehr habe er gefragt, ob der Mann vielleicht betrunken sei, auf Österreichisch: „Is der leicht fett?“

EINE ZEITUNG WIE DIE SZ will zwar in ganz Deutschland und womöglich in aller Welt gelesen und verstanden werden, denkt aber deswegen nicht daran, ihre Wurzeln zu vergessen. Aus diesem Grund wird sie, wenn sie die Wahl hat zwischen allgemeinem und süddeutsch gefärbtem Hochdeutsch, dem regionalen Ton den Vorzug geben, wie ja auch die meisten ihrer Mitarbeiter eher zum Leberkäs als zum Labskaus greifen. Eine Kollegin hat von einer Sennerin berichtet und dabei die Verben *hochkommen*, *hochwandern* und *hochgehen* verwendet. Einigen Leserinnen und Lesern ist darüber die Galle hochgestiegen. Das lag nicht an einer allfälligen Preußenfeindlichkeit oder an einer Aversion gegen den Duden, der Wörter wie diese als regulär führt und durch allerlei Belege aus der Literatur adelt. Es lag vielmehr an der Liebe zu dem fein ausdifferenzierten Fundus von Richtungsadverbien wie *hinauf*, *hinab* und *hinüber*, die hier *auffe*, *åwe* und *umme* lauten und ohne die ein Leben in Bayern oder gar ein Sennerinnendasein nur schwer vorstellbar ist. Außerdem fehle diesen Verben das in die Gegenrichtung weisende Pendant. Wie das gemeint ist, sieht man, wenn man den alten Spruch „Waarst net auffegstiegn, waarst net åwegfalln“ ins Hochdeutsche überträgt: Wärst du nicht hochgestiegen, wärst du nicht tiefgefallen.

OCHSEN sind vielseitig einsetzbar, sei es im Sprichwort (Ochs vorm Berg), in der Oper (Ochs auf Lerchenau) oder in der gehobenen Fleischküche (Kavalierspitz, mageres und fettes Meisel, Schulterscherzel, Beiried, Hieferschwanzel et cetera). Dass man, wie bei uns zu lesen, auch „gebratene Ochsenaugen“ essen könne, war nicht nur für Leser F. ein kulinarisches Novum. Als Ochsenaugen kennt man in der hiesigen Küche lediglich Spiegeleier oder Gebäckstücke, die mit einer halben

Aprikose belegt sind. Weitere Ochsenaugen sind das Kleine, das Große und das Rotbraune Ochsenauge, lauter Tagfalter wohlgemerkt, ferner elliptische Rundfenster, wie man sie vor allem im Barock sehr schätzte. Wer die Ludwig-II.-Ausstellung auf Herrenchiemsee besucht hat, bekam zwei davon im Ochsenaugen-Saal des Schlosses zu sehen. Der Fachmann nennt so ein Fenster *Œil-de-bœuf* oder *Oculus*.

SISSI UND KEIN ENDE! Leser V. ärgert sich über den „Quatsch“, „Sisi“ statt „Sissi“ zu schreiben. Ganz so abartig ist das aber nicht, da die Kaiserin selbst sich wohl auch so schrieb. Es gibt sogar die These, wonach sie ihren Vornamen Elisabeth auf landläufige Weise mit „Lisi“ abkürzte, was von der Nachwelt fälschlich als „Sisi“ gelesen worden sei.

UM EINEN UNSINN besser als Unsinn zu erkennen, sollte man manchmal ein Stück zurücktreten. Leser R. war entsetzt über einen Biergarten-Text, in dem das „Noagerl“, also der Getränkerest im Glas, zu „Norgerl“ mutiert war: Ob das ein „kleiner Norweger“ sei, wollte er wissen. Wir warfen daraufhin die Suchmaschine an und landeten nach einer Weile auf einer französischen Seite, die, aus welchen Gründen auch immer, deutsche Synonyme für *norgerl* suchte. Hier die Funde: *norgeerl, noorgerl, norrgerrl, norggerl, norgerll, nnorgerl, morgerl, orgerl* und *norger*. Die Autoren des Artikels haben zugesagt, darüber in ihrer Stammborzn nachzudenken.

„BAYRISCH IS GAR NET so schwer“, sang Fred Rauch vor 70 Jahren, doch in unserem Blatt straucheln, wie Leser D. anmerkt, manche Kollegen immer wieder. In der Sache Manuel Neuer riskierte der Sportteil eine Schlagzeile, die auch in anderen Blättern schon in die Hose gegangen war, nämlich „Oan Neuer“. Damit ist aber gesagt, dass mehrere Neuers im Angebot sind, von denen man nur einen – „oan“ – nimmt. Dazu wieder mal Hans von Gumppenbergs unsterbliche Beschreibung dessen, was beim Bergsteigen passiert: „Da wer'n miar wohl die Woadel hoaß, / Doch grüaßt mich z'letzt oan Oadelwoaß, / Oan Oadelwoaß!"

ALS SCHWEREN ANGRIFF auf die Bayernseele sahen die Leser H. (1) und H. (2) an, was über den vormaligen Verteidigungsminister Guttenberg bei uns geschrieben stand: dass er sich dann und wann im Stile eines preußischen Generalfeldmarschalls „aufgemantelt" habe. Nun ist ja das Aufmanteln ein seriöses technisches Verfahren, beispielsweise wenn auf einen alten Tiefdruckzylinder ein neues Rohr warm aufgeschrumpft und verschweißt wird. Bei Generalfeldmarschällen ist es dagegen oft so, dass sie sich „aufman(n)deln", dass sie sich also höher zu recken versuchen, als ihre Gestalt als Mann – bairisch *Man(n)dl* – es eigentlich erlaubt. Der Gerechtigkeit halber sei angemerkt, dass dies nicht nur Militärs tun, sondern andere Männer auch, oft sogar Frauen.

DAS HOCH- RESPEKTIVE SCHRIFTDEUTSCHE ist unser Handwerkszeug, doch heißt das nicht, dass wir bei Bedarf nicht auf regionales Gerät zurückgriffen. Leser K. rügt einen Kollegen dafür, dass er, gottlob nur fiktiv, „an das Auto des bösen Nachbarn bieselt": *Bieseln* sei ein Regionalismus, der einer überregionalen Zeitung nicht anstehe. Wie Herr K. richtig anmerkt, führen der Wahrig und andere Wörterbücher den in Bayern gängigen Ausdruck nicht. Das ist aber kein Grund, ihn nicht zu verwenden, wenn es dafür steht, wenn also beispielsweise ein Text sprachlich besonders eingefärbt werden soll. Im Übrigen passt *bieseln* auf den damit bezeichneten Vorgang ohnedies besser als das hart prasselnde *pieseln* der Wörterbücher.

NACH WEIHNACHTEN ist vor Weihnachten, und so sei denn jetzt, elf Monate vor dem nächsten Fest, schon die Frage aufgeworfen, mit der uns Leserin B. konfrontiert: Heißt es „Heiliger Abend“ oder „Heiligabend“? Unserem Gefühl nach ist das gehupft wie gesprungen respektive unter dem landsmannschaftlichen Gesichtspunkt zu bewerten, man vergleiche dazu auch das Brüderpaar *Samstag* und *Sonnabend*. Frau B. favorisiert die Bezeichnung *Heiligabend*; man sage schließlich: „Ich fahre Heiligabend nach Hause.“ Dem wäre entgegenzuhalten, dass man in Altbayern wohl eher „am Heiling Ohmd“ heimfährt. Dafür bleibt man, um einen hiesigen Kompaktbegriff zu gebrauchen, bis „Heilingdreikini“.

4

EIN JEGLICHES HAT SEINE ZEIT, sagt Prediger 3, 1 ff., Geborenwerden und Sterben, Lachen und Weinen, Töten und Heilen, und da möchte man doch meinen, dass auch Herrschaften ihre Zeit haben: Herrschaftszeiten. In jüngster Zeit wurde dieser Ausdruck bei uns ein paarmal verwendet, wenn auch nicht immer in dem angedeuteten Sinn, sondern im Sinn jenes bayerischen Fluchs, der sich wie „Heaschaffzeitn“ anhört und offenlässt, wie die Konsonantenballung an der Wortfuge auszusehen hat: ftz, ftsz, fts oder stss. Es waren zwei Damen, die Leserinnen B. und K., die sich an der Schreibweise „Herrschaftszeiten“ stießen, und das mit gutem, malediktologisch höchst triftigem Grund. Schon der Ausruf „Herrschaft (noch mal)!“ ist ein, wie Frau K. sagt, nicht beichtstuhlpflichtiger Platzhalter für den eigentlich beabsichtigten Fluch „Herrgott!“, und ähnlich verhüllend beziehungsweise ausweichend ist das Wort „Herrschaftseiten“, was immer sich an Sakrileg dahinter verbergen mag. Es gehört in eine Reihe mit „Kruzitürken“ oder „Sacklzement“, bei denen ja auch weit und breit weder Türke noch Zement zu sehen sind. Insofern wäre es freilich auch schon wieder wurscht, wie es geschrieben wird, nicht wahr. Kleiner Nachtrag: Der Schimpfwortforscher Reinhold Aman führt nur den „Heaschaftsgrippe“. Das ist keine neue Krankheit, sondern ein altes Phänomen, nämlich das schlecht erzogene Kind reicher Leute, sogenannter Herrschaften.

DER APOSTROPH IM BAIRISCHEN: ein ewig unerledigtes Thema! Mit einigem Aufwand und mit Hilfe kompetenter Native Speaker haben wir in der SZ vor Jahr und Tag einen Konsens erzielt, wonach wir der „Wiesn“, vormals gemeinhin als „Wies’n“ geschrieben, den Apostroph vorenthalten; schließlich steht dahinter keine „Wiesen“, aus der ein „e“ eliminiert worden wäre. Als Leser E. nun in unserer Online-Ausgabe auf den Oktoberfest-Titel „Aufg’baut wird!“ stieß, ist er z’samm’g’zuckt: Im Bairischen heißt es „aufbaut“, weil das Perfekt-Präfix „ge-“ vor Verschlusslauten wie „b“, „t“ oder „k“ verschwindet: abbrennt, auftankt, auskotzt. Vor anderen Konsonanten bleibt es als „g“ erhalten, weswegen beispielsweise Kollegen, die „aufg’baut“ schreiben, in Zukunft aufgmischt werden – und wie!

WO SÜDDEUTSCHE draufsteht, ist oft auch Süddeutsches drin. Genauer gesagt sind es Sprachformen, wie sie für den bairisch-österreichischen Sprachraum charakteristisch sind. Das hat nichts mit Bayerntümelei zu tun, sondern mit der Überzeugung, dass auch eine Zeitung kleine Winke auf den Landstrich, der ihre Heimat ist, geben darf. Ob der Kollege, der kürzlich das Wort *händisch* verwendete, das ebenso sieht, ist nicht bekannt. Jedenfalls hat er Leser M. aufgestört, der launig anfragte, ob damit etwa *linkisch* gemeint gewesen sei. War es nicht. *Händisch* ist ein in Bayern gängiges Wort für *per Hand* oder *von Hand*, und man täte gut daran, es als *hentisch* zu schreiben. Dahinter steckt nämlich, wie Ludwig Zehetner in seinem Bairisch-Lexikon anmerkt, der Mundartausdruck *Hent*, der die Hand in Einzahl und Mehrzahl meint. Für die singularische Verwendung bürgt eine Stelle aus dem schönen alten Lied über die Münchner Fronleichnamsprozession: „Und dann kommt der Prinzregent, / Prinzregent, Prinzregent, / hat a Kerzn in da Hent, / die längst nimma brennt."

DAZU PASST, was Leser H. aufgefallen ist, nur dass es sich um den gegenläufigen Fall handelt. In einem Bericht über den Fußballer Philipp Lahm und dessen prekäres Verhältnis zum FC Bayern München kam zweimal der Ausdruck „den Schneid abkaufen" vor, davon einmal als Zitat, und auch hier meldet das süddeutsche Hochdeutsch seine Rechte an. Natürlich werden wir den Regionalismus nicht so weit treiben, dass wir im Blatt „der Butter" oder „das Monat" schreiben, doch bei der Schneid sollten wir uns dieselbe weder abkaufen noch abhandeln lassen – umso weniger, als es bei der Schneid keinem Zweifel unterliegt, woher sie kommt: von der bei einer Axt oder einem Messer unstrittig weiblichen Schneide.

DAS FLEISCHPFLANZL heißt anderswo Frikadelle oder Bulette oder Fleischküchl oder faschiertes Laberl, doch wie immer dieser Name auch lautet, er wird nicht angefochten. Beim Fleischpflanzl alias -pflanzerl ist das anders. Obwohl es fast alle mit einem „l" nach dem „pf" sprechen, gibt es eine kleine, aber ungemein starke Fraktion Kundiger, die bei jeder Gelegenheit daran erinnern, dass das Pflanzl, ein flachgedrückter Hackfleischklops, in der Pfanne herausgebraten wird und darum *Pfanzl* heißt, noch besser *Pfannzl.* Dieser Gemeinde gehört auch Leser Dr. B. an, der sich sehr freute, als er im Lokalen kürzlich ein *Fleischpfanzerl* sah. „Wird der bairisch korrekte Name jetzt Einzug halten in die SZ?", fragte er. Die Antwort: Eher nicht, denn wie der eben zitierte Ludwig Zehetner schreibt, ist beim Pflanzl „der Zusammenhang mit Pfann(e) verlorengegangen". Dabei dürfte es bleiben.

BEIM FUSSBALL gibt es Regeln wie die, dass die weißen Begrenzungslinien höchstens zwölf Zentimeter breit sein dürfen und dass der Ball kugelförmig zu sein hat. Nach einer anderen Regel darf besagter Ball mit dem ganzen Körper gespielt werden, außer mit Armen und Händen, also auch mit dem Kopf und möglicherweise sogar mit dem Hintern. Leser A. nimmt es unserem Sportteil ausgesprochen übel, dass er, als Teil eines im süddeutschen Sprachraum beheimateten Blattes, das Spiel mit dem Kopf *köpfen* statt *köpfeln* nennt. Der Duden führt *köpfen* auch in dem Sinn, doch sollte man in dieser Angelegenheit eher Herrn A. folgen als dem Duden, erstens wegen des süddeutsch lockeren Flairs von *köpfeln*, zweitens weil das eigentliche Köpfen schon beim Frühstücksei, um an anderes erst gar nicht zu denken, etwas ungemein Rohes hat.

IN EINE ÄHNLICHE KERBE schlug Leser T., als er den Kollegen vom Sport den im Zusammenhang mit dem Fußballer Lúcio verwendeten Ausdruck „Ausbüxer“ vorhielt. Wenn sie, schrieb er, „schon des südlich geprägten Hochdeutschen nicht mächtig sind“, sollten sie wenigstens das allgemeine Hochdeutsche beherrschen und auf den dort nicht existenten *Ausbüxer* verzichten. In amerikanischen Filmen ist an solchen Stellen das „Einspruch, Euer Ehren!“ fällig. So auch in der Ausbüxer-Sache, und das mit zwei Argumenten. Erstens heißt unser Blatt zwar *Süddeutsche*, hat aber auch norddeutsche Journalisten, sehr gute übrigens, in ihren Diensten, und dass denen der Schnabel anders gewachsen ist als den hiesigen, nehmen wir als Bereicherung. Was das Wort selbst angeht, so gibt es das auch im Süden durchaus geläufige Verb *ausbüxen*. Auf dessen Basis lässt sich nach den Regeln der deverbativen Ableitung der *Ausbüxer* konstruieren. Ein seltenes Wort, gewiss, aber war nicht auch Robert Gernhardts *Weinreinbringer* zunächst extrem selten? Trotzdem ist er ins Schatzhaus der ewigen Lyrik eingegangen.

WIE DAS LATEINISCHE FORTLEBT

Verliert ein Manager seinen Boni, kommt er leicht aus dem Algorhythmus, und am Jahresende sagt er dann, das sei wieder mal ein echtes annus horribile gewesen.

DIE REISSENDE ISAR nennt sich auf Lateinisch *Isara rapidus* und nicht, wie bei uns zu lesen, *Isara rapida*. Leser P. erinnert daran, und obwohl er „ein alter Lateinlehrer“ ist, beharrt er nicht auf dem Merkvers „Männer, Völker, Flüsse, Wind’, stets Maskulina sind“. Unser alter Lateinlehrer, dieser Macho, pflegte den Spruch übrigens mit „Als Feminina hänge man die Frauen an die Bäume an“ fortzuführen, das heißt, um genau zu sein, sagte er „die Weiber“.

DIE ALTE LEIER, um nicht zu sagen: *lyra antiqua*: Mit dem Zusammenschnurren des weiland verpflichtenden Schulfachs Latein verflüchtigt sich auch das Wissen, welchem grammatischen Geschlecht die ins Deutsche übernommenen lateinischen Wörter angehören. Als kürzlich bei uns „Der ewige Saufteufel“ gewürdigt wurde, hieß es, dass im alten Rom nicht nur „der Plebs“ seine Gelage gefeiert habe. Leser S. weist darauf hin, dass *plebs* ein Femininum ist, und er fährt fort, dass „der Plebs“ so schlimm sei wie der Firmenname „domus botanicus“ (statt *botanica*) für ein großes Blumengeschäft. Wohl wahr. Dennoch sei erwähnt, dass sich im Deutschen neben der Plebs auch „der Plebs“ hat etablieren können, als abwertende Bezeichnung für das gemeine Volk, vulgo den Pöbel. Die Sprache ist, wie man sieht, ein buntes Haus, eine *domus varia*.

„DER MANAGER hat den Boni“, hieß es bei uns. Der Verfasser dieses Zwischentitels erhielt dafür von Leser Z. einen Mali, der sich gewaschen hat.

ALLERSEELEN ist vorbei, und wieder konnte man auf den Friedhöfen prüfen, wie genau sich die Leute an das Gebot halten, über die Toten nur gut zu reden. Die lateinische Urform der Regel – „De mortuis ni(hi)l nisi bene“ – war bei uns in der Fassung „De mortuis nihil nisi bonum“ zu lesen, was Leser Dr. H. dazu bewog, der Autorin ein harsches „Si tacuisses, philosopha mansisses“ zuzurufen. Für Nichtlateiner sei gesagt, dass *bene* das Adverb von *bonus* (gut) ist, dass es in diesem geflügelten, dem weisen Chilon von Sparta zugeschriebenen Wort also darum geht, *wie* man über Tote redet, und nicht, *was*. Andererseits steht hinter dem lateinischen Spruch ein noch älterer griechischer, nämlich „Ton tethnekota me kakologein“ (Über den Toten nicht schlecht reden). Angeblich ist das *kako-* attributiv und nicht adverbial aufzufassen, was dann ja irgendwie unserer Kollegin Philosopha zugutekäme. Was nebenbei die Paxis des Gut-über-jemanden-Redens angeht, hier noch ein Klassiker: Ein jüdischer Gauner wird gehängt, kann aber nicht begraben werden, ehe jemand gut von ihm gesprochen hat. Da geht der Rabbi zum Galgen, schaut hinauf und sagt: „Schön hängt er da.“ Der alte Chilon hätte seine Freude daran gehabt.

O SELIGE WEIHNACHTSZEIT: Das „Magnus Opus“, als welches Paul Simons Album „Graceland“ bei uns bezeichnet wurde, korrespondiert mit dem „gaudium magnus“, den die Engel den Hirten verkündeten.

ELIO DI RUPO, der belgische Politiker, ist zwar der Sohn italienischer Einwanderer. Dass er aber nach der Einigung im Streit um die Staatsreform „Habeamus Riforma“ gerufen hätte, glauben wir zusammen mit Leser M.-B. erst, wenn nach dem nächsten Konklave ein belgischer Kardinal „Habeamus pappa“ ruft.

DAS HANTIEREN mit den Überresten der humanistischen Bildung ist, wie Leser H. glaubhaft macht, eine riskante Sache. Zwei Fälle sind ihm aufgestoßen, beide aus der Feder von Gastautoren. Im ersten ging es um die prekäre Situation der Bundeswehr, die mit dem geflügelten Wort „Die Konsuln mögen zusehen, dass der Staat keinen Schaden nimmt“ bedacht wurde. Herr H. erinnert daran, dass mit der Formel „Videant consules ne quid detrimenti capiat res publica" der römische Senat den Notstand ausrief und seine Rechte auf die Konsuln übertrug, eine Art Ermächtigungsgesetz, wenn man so will. Im zweiten Fall wurde Sokrates unterstellt, er habe der Philosophie „Glückskeksspüche" hinterlassen. Die Philosophen, und nicht nur sie, sehen das etwas anders. Weiß übrigens jemand die letzten Worte des Sokrates? In Platons „Phaidon" werden sie überliefert, und zwar dergestalt, dass Sokrates, als die durch das Gift bewirkte Kälte bereits seinen Unterleib erreicht hatte, zu Kriton sagte: „Wir schulden dem Asklepios noch einen Hahn. Vergesst dieses Opfer nicht!" Müssen wir uns Sokrates womöglich als Scherzkeks vorstellen?

FINGER WEG von lateinischen Zitaten! Dieser gute Rat wird jungen Kollegen regelmäßig in den Tornister gesteckt, und ebenso regelmäßig schlagen sie ihn später aus. Das wiederum ruft die Lehrer und sonstigen Kundigen auf den Plan, gerade eben zum Beispiel Leser Dr. K., der jahrelang mit seinen Schülern das Gerundiv geübt hat und nun für den Satz „Pacta sunt servanda" bei uns diese Übersetzung lesen muss: „Verträge werden gehalten." Lehrer der strengen Observanz schrieben bei solchen Arbeiten früher mit roter Tinte an den Rand: „Recte: Verträge *müssen* eingehalten werden." Herr Dr. K. hat das nicht getan, sondern freundlichst angemerkt, dass wenigstens der lateinische Wortlaut korrekt war. Kleine Fußnote: Hätte unsere Autorin nach „gehalten" ein Rufzeichen gesetzt, wäre sie aus dem Schneider gewesen, da Aufforderungen auf vielerlei Weise formuliert werden können: *Das lassen wir künftig! Ja nicht frech werden! Stillgestanden!*

WIE VIEL LATEIN im Deutschen steckt, weiß nicht nur Leser Dr. B., aber er ist es, der uns wieder einmal daran erinnert. Anlass ist der Begriff „Kontrahent", den er bei uns dann und wann falsch verwendet sieht, erstaunlicherweise auch in Texten von Juristen, die seiner Ansicht nach wissen müssten, dass der Kontrahent kein Gegner, sondern ein Vertragspartner sei. In dem Zusammenhang fällt natürlich das lateinische Verb *contrahere*, das wörtlich „zusammenziehen" bedeutet, im weiteren Sinn aber auch „abschließen", und zwar keine Tür, sondern ein Geschäft: *negotium contrahere.* Andererseits heißt *frontem contrahere* „die Stirn runzeln", und genau das muss man tun, wenn es um den Kontrahenten geht. So eindeutig, wie man annimmt, ist die Sache nämlich nicht. Mag gleich der Kontrahent in erster Linie der Partner sein, so ist er in zweiter Linie dennoch der Gegner, und das kommt daher, dass einst die Studenten, wenn sie sich zu duellieren gedachten, mit dem potentiellen Gegner „kontrahierten", also gewissermaßen einen Kampfvertrag abschlossen. O alte Burschenherrlichkeit!

„**JEDER WEISS**, was so ein Mai-/ käfer für ein Vogel sei", sagt Wilhelm Busch. Das gilt auch für den Algorithmus. Jeder weiß (so auch der Brockhaus, dem wir das Folgende entnehmen), dass er eine Folge von exakten Arbeitsanweisungen ist, durch die der Lösungsweg einer Rechenaufgabe eindeutig beschrieben wird. Trotzdem wissen viele nicht, wie er geschrieben wird, und wenn, wie kürzlich geschehen, ein Kollege von „Algorhythmen" berichtet, ist bei den kundigen Lesern der Schmerz groß und die Süffisanz noch größer: Ob da, fragen sie listig, wohl Alko-Rhythmen im Spiel gewesen seien. Der *Algorhythmus* hält unter den Fehlern einen der vorderen Plätze, was wohl damit zusammenhängt, dass alles Rhythmische hoch im Kurs steht. Eine gewisse Mitschuld kann man aber auch dem Algorithmus selbst nicht absprechen. Wenn stimmt, was man allenthalben liest, ist er – sprachlich gesehen – selbst eine Missgeburt, eine Verballhornung des Namens al-Chwarizmi. Dieser Muhammad al-Chwarizmi war ein so bedeutender Mathematiker, dass man ihn gern als Kronzeugen anführte, was im Mittelalter auf Latein erfolgte: *Dixit Algorismi* (Algorismi hat gesagt), woraus sich im Lauf der Zeit der nach gelehrtem Griechisch riechende Ausdruck Algorithmus entwickelte.

WENN LESERBRIEFE mit dem Ausruf „Si tacuisses“ beginnen, legen wir schon mal die alte Lateingrammatik bereit. Bei Leser S., der ebenfalls mit diesem geflügelten Wort anhub, mussten wir sie aber nicht aufschlagen, denn dass das schreckliche Jahr, das der DFB einem Kommentar zufolge hinter sich hat, nicht *annus horribile* heißt, sondern *annus horribilis*, war uns gottlob noch präsent, und der Lapsus wird sich hoffentlich nicht wiederholen. (Bei der Gelegenheit haben wir mal nachgeschaut, woher „Si tacuisses“ eigentlich kommt. Es stammt von Boëthius, und zwar aus seinem „Trost der Philosophie“, den wir gerade in Fällen wie diesem nur allzu gern in Anspruch nehmen.)

SO ERFREULICH es ist, dass nun Fritz Langs Film „Metropolis“ in seiner Urgestalt wiederhergestellt wurde, so irritierend war die Formel „Metropolis resurrectus“, die unser Feuilleton dafür erfand. Das hörte sich fast so an, als würde in einer lateinischen Ostermesse der Auferstandene nicht *Resurrexi* sagen, sondern *Resurrectus sum*, also nicht aktivisch *Ich bin auferstanden*, sondern passivisch *Ich bin auferstanden worden, man hat mich auferstanden.* Ein professioneller Lateiner ließ die Konstruktion „Metropolis resurrectus“ allenfalls als Kirchenlatein durchgehen und nannte es auch insofern einen „Schmarrn“, als Metropolis weiblich sei und im beigefügten Adjektiv eine entsprechende Endung erfordere. Sein Vorschlag: Metropolis rediviva.

„DER FUROR KOCHS“ sollte nach Ansicht eines unserer Kommentatoren bei Hartz IV einem praktikablen Gesetz gelten. Leser B. hingegen ist der Ansicht, dass dieser Furor eher einem unzweckmäßigen Gesetz gelten sollte, weil *furor* mit *Wut* statt mit *Eifer* zu übersetzen sei. Kein Einwand. Andererseits will Cicero („De oratore" 2, 194) gehört haben, dass Dichter ohne einen Anhauch von gleichsam begeisterter Raserei, *sine quodam adflatu quasi furoris*, nicht gut sein können, und wenn man sich da wieder Roland Koch vorstellt ...

„ALMA MATER" heißt die Platte, die Papst Benedikt jetzt herausbringt. Bei uns wurde das mit *große Mutter* übersetzt, es bedeutet aber, wie Leser H. richtig feststellt, *nährende* oder *gütige Mutter* und ist ein Beiname der Gottesmutter Maria. Mit Alma-Ata, heute Almaty, hat das nichts zu tun. Der Name dieser Stadt wurde einst – nicht bei uns – mit *Vater* oder *Opa der Äpfel* wiedergegeben, und auch das soll falsch sein.

FREMDWÖRTER UND ANGLIZISMEN

Kann man es dem Ausdruck „nicht wirklich" eigentlich bis ans Ende der Tage verübeln, dass er vom englischen „not really" abstammt? Wirklich nicht.

„DAS GRAFFITI“ ist, wie Leser W. anhand eines neuerlichen Vorkommens anmahnt, so sinnlos wie „der Leute“ oder „der Ferien“, mit dem Unterschied, dass es hier eine Singularform gibt: *das* oder *der Graffito*. Der nächste Kollege, der das versemmelt, muss Herrn W. auf einen Spaghetto carbonaro einladen.

DIE KOLLEGIN, die unlängst mit der Schauspielerin Sarah Jessica Parker sprechen durfte, bemerkte nicht nur deren „fluffig“ geföhnte Locken, sondern auch einen „Publizisten“, der mit ihnen im Raum saß. Leser G. würde gern wissen, was das nun wieder für ein Mensch ist. „He usually wants his client to receive positive acclaim“, heißt es über den *publicist* im Internet, woraus folgt, dass er eben kein Publizist ist, sondern eher so etwas wie ein Publizistenflüsterer.

DER ENTDECKER AMERIKAS war, wie es im Lied so schön heißt, „ein Mann, der sich Kolumbus nannt’, widewidewitt bum bum“, und deswegen kann man, wie wiederum Leser W. meint, die Zeit vor seinem Wirken nur *präkolumbisch* nennen. Das bei uns verwendete *präkolumbianisch* würde ja einen Mann namens Kolumbian voraussetzen, und da es diesen nicht gibt, sollte das Wort der Zeit vor Gründung der Republik Groß-Kolumbien vorbehalten bleiben. Dennoch sei erwähnt, dass in Michael Kinnes Studie „Die Präfixe *post*-, *prä*- und *neo*-“ beide Varianten als annähernd sinngleich geführt werden, wobei *präkolumbisch* natürlich als die zeitlich und rangmäßig erste Form figuriert.

ICH HAB ES GETRAGEN SIEBEN JAHR – das heißt, ganz so lange nun auch wieder nicht, aber seit einiger Zeit leidet Leser R. daran, dass Frankreich in der SZ immer wieder als „Grande Nation“ bezeichnet wird, obwohl das Land doch eindeutig „Frankreich“ heißt. Die Kenner stimmen darin überein, dass der Titel in Frankreich kaum verstanden, und wenn doch, dann als verächtlich aufgefasst wird, im Sinn von: Schau sie dir an, die Franzosen, immer groß dran, dabei usw. Darauf, dass wir den Ausdruck künftig meiden wollen, haben wir Herrn R. nun unser großes Indianerehrenwort gegeben, die *grande parole d'honneur indienne.*

MÜNCHEN FEIERT sich selbst gern als die nördlichste Stadt Italiens, und entsprechend tun die Münchner oft so, als sei ihnen die *italianità* in die Wiege gelegt worden. Darauf spielt Leser R. an, wenn er die Aussage kritisiert, der Autokonzern Fiat mische seine Modelle „zu einer Minestrone zusammen". *Minestrone* sei nun einmal „masculini generis", so Herr R., also männlich. Wo er recht hat, hat er recht, nur machen sich die Dinge beim Übersetzen oft in einer Weise selbständig, dass mit Korrektheit dagegen nur noch wenig auszurichten ist. Dem *minestrone* ist es ganz offensichtlich nicht gelungen, sein Genus ins Deutsche herüberzuretten. Im Duden wird er bzw. sie als Femininum geführt, und bei leo.org wird „minestrone *m.*" ebenfalls mit „die Minestrone" wiedergegeben. Prüft man die Sache über Google, kommt man beim Suchwort „der Minestrone" auf immerhin 4750 Treffer; bei näherem Hinsehen sind das aber fast lauter Genitive von „die Minestrone", z. B. „Lecker schmecken alle Varianten der Minestrone."

6

DIE ANGST vor den Türken war, so hieß es in einem Fernsehtipp, „ein Traumata des frühneuzeitlichen Europa". Unser Leser Z. sieht darin ein Paradigmata, wie der Plural von *Trauma* vergeigt werden kann.

DIE HOMEPAGE ist, Fachleute wissen es, die Index-, Start-, Leit-, Einstiegs- oder Hauptseite einer Internetpräsenz, und insofern war es, wie Leser K. vom iPad aus anmerkt, eine sinnlose Doppelung (Herr K.: ein „Unfug"), von der „Startseite ihrer Homepage" zu schreiben. Dem ist nicht zu widersprechen. Allenfalls könnte man aus Wikipedia zitieren, dass das Wort *Homepage* umgangssprachlich „häufig für die gesamte Internetpräsenz verwendet" wird, und dann wäre ja die *Startseite* wieder fein raus. Ähnlich leger scheint der Begriff *Home Office* für die Teleheimarbeit verwendet zu werden. Streng genommen ist das *Home Office* das britische Innenministerium in 2 Marsham Street, London SW1P 4DF, geöffnet von Montag bis Freitag von neun bis 17 Uhr.

„HA! FEIERLICH! ein würdiger Anfang! afrikanisch feierlich! eines Löwen würdig oder eines moralischen Brüllaffen." So Nietzsche in seinen Dionysos-Dithyramben, und wenn sich das auch gewaltig von dem unterscheidet, was die Dithyramben der Antike auszeichnete, diese Hymnen zu Ehren des Dionysos, so erkennt man doch das für den Dithyrambus charakteristische Erregte, Ekstatische, besinnungslos Taumelnde. In diesem Sinn hieß es auch bei uns, dass der „Naumburger Meister" einst durch „nationale Dithyramben unheilbar belastet" gewesen sei. Leser W. wollte das erläutert haben, was hiermit getan sei.

SCHON IM LATEINISCHEN hat *momentum* eine Fülle von Bedeutungen, von *Bewegungsmittel* über *Wichtigkeit* bis hin zu *Entscheidung*. Wie universell es indessen heute einsetzbar ist, erweist sich an Institutionen wie den „momentum hairstyles" in Weimar, dem Figurformungs-, Rücken- und Entspannungsstudio „carpe momentum" in Petershagen/Eggersdorf oder dem „Momentum Spa" in Düsseldorf, letzteres „eine neue Ebene des Wohlbefindens". Als bei uns jetzt die Entscheidung Barack Obamas, 30 000 Soldaten aus Afghanistan abzuziehen, als „Momentum des Präsidenten" kommentiert und gleichzeitig davon gesprochen wurde, dass die US-Truppen genau dort zur Zeit ein „Momentum" hätten, verwunderte das Leser E.

aufs höchste. Die Erklärung, die er von dieser Kolumne fordert, wird wohl noch ein Momentum auf sich warten lassen.

GOING TO THE DOGS? Ein großer Teil der Sprachglossen lebt von den Anglizismen, denkt aber nicht daran, ihnen dafür dankbar zu sein, im Gegenteil: Man jagt sie wie die Hasen. Ohne Zubilligung auch nur der geringsten Schonzeit wird seit einiger Zeit auf die Wendung „nicht wirklich“ angesessen, die als unpassende Übernahme des englischen „not really“ gilt und von den deutschen Sprachwiesen vertrieben werden soll. Leser W., der selber eine ausgedehnte Sprach-Website betreibt, hat sich in dieser Sache mit Rainer Erlinger vom *Magazin* angelegt. Dieser hatte auf die Frage nach dem Preis für ein Geburtstagsgeschenk geantwortet, dass er die Frage am liebsten beiseitegelegt hätte: „Ich mochte sie nicht wirklich.“ Es soll hier nicht der Sprachgockelei das Wort geredet, wohl aber für eine etwas gelassenere Sicht der Dinge geworben werden. Schon manches, das dem „Sprachkompost“ (Herr W.) zugewiesen worden war, machte später dieser Zuweisung alle Ehre und führte dem Deutschen frischen Dünger zu. Ob „nicht wirklich“ das Talent dazu hat, wird sich zeigen. Erste Hörproben lassen den Schluss zu, dass daraus eine neue Nuance zu gewinnen ist. Wenn einer zum Beispiel gefragt wird, ob ihm das Konzert gefallen habe, eröffnet die Antwort „nicht wirklich“ einen weiteren Raum des Ungesagten als das abweisende „eigentlich nicht“, das fast beleidigende „wirklich nicht“ oder das nüchtern strenge „nein/nö“. „Nicht wirklich“ könnte bedeuten, dass mich das Konzert zunächst durchaus in Euphorie versetzt, dann aber, bei dem abschließenden Brahms, enttäuscht hat. Es könnte aber auch bedeuten, dass ich keine Lust habe, über das Konzert zu reden, was mit dieser komisch bombastischen Floskel kundgetan sei. In einer an der Universität Münster entstandenen Arbeit bescheinigt Sandra Dertenkötter M. A. der Floskel, dass sie nicht der vollständigen Negation, sondern der Abschwä-

6

chung eines Sachverhaltes diene, wobei der genaue Grad dieser Abschwächung vage bleibe (http://noam.uni-muenster.de/gidi/arbeitspapiere/arbeitspapier16.pdf). Rudi Kellers Essay über den „so genannten Sprachverfall" trägt in der englischen Version den Titel: „Is the German Language Going to the Dogs?" Not really, wie es aussieht, nicht wirklich.

„PORCA MISERIA" schreibt Leser V. am Ende seines Briefes, in dem er daran erinnert, dass *die Milch* im Italienischen *il latte* heißt, also männlich ist, und dass insofern „die Latte Macchiato", die unlängst im Streiflicht serviert wurde, ein Murks gewesen sei. Für *Murks* oder *Pfusch* hat der Italiener den schönen Ausdruck *lavoro mal fatto*. Das heißt *der schlechte gemacht Arbeit* oder so.

6

MARK TWAIN war in einer Rezension immer als Twain bezeichnet worden, so als wäre Twain sein Nachname. In einem Leserbrief wurde darauf verwiesen, dass es sich um ein zweiteiliges Pseudonym handle, vergleichbar dem Namen Sitting Bull, bei dem man ja auch nicht einfach das Sitting weglassen könne. Leser v. C. erinnert nun an die Ähnlichkeit der vorderen Pseudonymhälfte mit dem echten Vornamen Mark/Marc und plädiert dafür, bei irriger Auffassung des ganzen Pseudonyms Nachsicht zu üben. *Mark Twain* kommt daher, dass die Lotsen auf dem Mississippi die Fadentiefe des Flusses mit „Mark one, mark twain" (statt „two") ausriefen. Wussten Sie übrigens, dass hinter dem Pseudonym „Bom" gleich vier Clowns stecken: F. Cortesi, Mechislaw Antonowitsch Stanewsky, Nicolay Josifowitsch Viltzak und N. A. Kamsky? Der Grund: Der Name „Bom" gehörte dem russischen Staatszirkus. – NACHTRAG: Kurz nach dieser Erörterung erinnerte Leser I. an die „Burleske Autobiographie", in der Twain allerlei kuriose Vorfahren nennt. Hier die schönsten: Arthour Twain, Beau Twain, Ananias Twain sowie Pah-Go-To-Wah-Wah-Pukketekeewis (das heißt Mächtiger Jäger mit dem Schweinsauge) Twain. Darf die Twain-Frage damit als geklärt gelten?

FORMEL-1-CHEF Bernie Ecclestone hat schon viele Titel verliehen bekommen, den vorläufig höchsten unlängst von unserer Seite 3. Dort nannte man ihn den „Gottvater der Formel 1“, was Leser Z. aber nicht auf ihm, also auf Gottvater, sitzen lassen will. Herr Z. vermutet hier einen „filserhaften Übersetzungsversuch des Wortes *godfather*“ (Pate, Gevatter), einen wohl allerorten gern geübten Versuch. Wie anders hätte sonst die *taz* vor Jahr und Tag das „Gedränge im Gottväter-Olymp“ beschreiben können, in dem vom Gottvater des Soul (James Brown) über den Gottvater der Zeichenlehre (Roland Barthes) bis zum Gottvater der Intimbeichte (Paul Sahner) alles da war, was auf sich hält, sogar der Gottvater aller Drinks? Das war der Whisky, und zwar ebenfalls in der SZ.

HENRY FORD II hat auf seine alten Tage zum dritten Mal geheiratet. Wenn von der „Ignoranz seiner neuen Liebe“ die Rede ist, könnte man zunächst meinen, diese Gattin sei eine dumme Nuss gewesen. Das stand aber in dem fraglichen Text gar nicht zur Debatte. Vielmehr ging es darum, dass Fords Kinder aus erster Ehe der Hochzeit Nummer drei fernblieben und dass ihnen der Alte „die Ignoranz seiner neuen Liebe“ sehr übelnahm. Leser B. weist darauf hin, dass es eine *Ignoranz* im Sinne von *nicht zur Kenntnis nehmen wollen* im Deutschen nicht gibt, ungeachtet dessen, dass das lateinische *ignorare* sehr wohl auch dies bedeuten kann. Wären Fords Kinder Bayern oder Österreicher gewesen, hätten sie im Hinblick auf die Hochzeit vielleicht gesagt: „Dees ignorier ma mia net amoi!“

HAT DER LESER immer recht? Im Prinzip ja, aber manchmal kann er sich auch vergreifen. Unsere Leserin W. zum

Beispiel wusste vor Lachen kaum noch aus und ein, als sie im *Kunstmarkt* las, dass bei der „Biennale des Antiquaires" unter anderem die Reize eines „Hoppenhaupt-Canapés" ins Licht gerückt worden seien. Unter Canapés, wendet sie ein, verstehe man Häppchen, wie sie bei Empfängen herumgereicht werden, und wer sich da draufsetze, werde schon sehen, wie das ausgeht. Das ist richtig, doch ebenso richtig ist, dass das Canapé alias Kanapee, es sei nun von Hoppenhaupt oder sonst wem, ein Sitzmöbel ist. Im einem alten Lied heißt es dazu: „Die Seele schwinget sich / wohl in die Höh, juchhe! / Der Leib, der bleibet auf dem Kanapee", und wenn man unsere Tante Cilly fragte, wo der Onkel Heini sei, pflegte sie in schönstem Bairisch zu sagen: „Am Kanabä, wo sunst!"

ALS UNSER INTERVIEWER dem Rapper Nas vorhielt, dass viele afrikanische Musiker den Materialismus ihrer westlichen Vorbilder zu emulieren versuchten, antwortete dieser: „Wo ist das Problem?" Unser Leser G. hat genau darauf eine Antwort, denn seinem Gefühl nach ist das Wort „emulieren" das Problem. Es leitet sich vom lateinischen *aemulari* her und bedeutet *nachahmen* oder *nachmachen*. Nun sagt zwar Th. W. Adorno, dass Fremdwörter wie exotische Mädchen locken, aber man muss ja auch mal standhaft bleiben, so wie der Gesetzgeber standhaft blieb, als er § 146 StGB formulierte. Darin geht es um das Emulieren von Geld, doch im Text heißt es, dass bestraft wird, wer Geld „nachmacht".

DER FUSSBALLER WAYNE ROONEY verstauchte sich kürzlich den Knöchel. Das passierte, als er, wie es bei uns hieß, „dem unverhofft energetisch dribbelnden Mario Gomez" auszuweichen versuchte, und Leser B. hat sich darüber sehr amüsiert. Ein Versuch, den Unterschied zwischen *energisch* und *energetisch* festzustellen, lief ins Leere respektive zu dem Fußballklub Energetik Pavlodar, bei dem aber kein Mario

Gomez spielt. Unter „G“ findet man dort nur Evgeniy Galenko, Igor Goryachev und Vladimir Gurtuev.

AUS DEM ARCHIV. Vor etwa drei Jahren ging der FAZ der Brief einer Leserin zu, die dem Blatt ein „sprachliches Gespenst“ austreiben wollte: den *Trialog*, der immer dann erscheine, wenn nicht zwei miteinander reden, sondern drei. Die Frau erinnerte daran, dass die Vorsilbe *dia* beim Dialog nichts mit *zwei* (griechisch *dyo*, lateinisch *duo*) zu schaffen habe, sondern so viel wie *durch*, *während* oder *zwischen* bedeute. Der Trialog sei mithin so albern, wie wenn man eine von drei Ärzten gegebene Diagnose eine Triagnose nennen würde. Das mit Verlaub Triabolische an der Sache ist, dass sich auch in unserem Blatt diverse Trialoge finden, darunter sehr oft der „Trialog der Religionen“. Kürzlich wurde über den von der Quandt-Stiftung erfundenen „Trialog der Kulturen“ berichtet, was Leser Dr. Z. zu dem weiterführenden Hinweis animierte, dass der Dekalog ebenfalls kein Gespräch sei, schon gar keines zu zehnt.

ES WIRD SICHER noch eine ganze Weile dauern, bis auf Grabsteinen „Ruhe soft!“ statt „Ruhe sanft!“ steht, und das nicht nur, weil der Friedhof ein Ort des Beharrens ist: Selbst wenn das englische *soft* sich anschickt, im Deutschen als Adjektiv und Adverb heimisch zu werden, bedeutet es etwas anderes als *sanft*. Als das Streiflicht kürzlich Prinz Charles’ „soften Einfluss“ herausstrich, nahm Leser M. das mit Erstaunen zur Kenntnis, wobei er möglicherweise übersah, dass hier nicht gedankenlos anglisiert, sondern in ironischer Absicht an die ein paar Zeilen davor erwähnte *soft power* angeknüpft wurde. Unabhängig davon scheint *soft* den Eindeutschungsprozess durchzumachen, den beispielsweise *to style* (deutsch bzw. neudeutsch, wie die Kritiker gern sagen: *stylen*) zum Teil schon hinter sich hat. Interessant ist in diesem Zusammenhang das Adjektiv *tough* (deutsch: *rau, robust, ruppig*), das man in Wendungen wie *tougher Bursche* antrifft. Der Rechtschreib-Duden führt das eingedeutschte *taff*, das auch im großen Duden vorkommt, dort freilich unter Verweis auf jiddisch *toff* und hebräisch *tôv* (deutsch: *gut*).

DER FLIEGENDE HOLLÄNDER hat es nicht leicht. Ewig auf hoher See, und nur alle paar Jahre ein Landgang! Dafür kennt er sich mit der niederländischen Sprache aus und weiß, was auch Leser Dr. L. weiß und anlässlich eines Bildtextes mitteilt: dass mit *de zee* das offene Meer gemeint ist, mit *het meer* hingegen der Binnensee. Insofern ist es verfänglich, das IJsselmeer im Deutschen mit Ijsselmeer wiederzugeben, was nichtsdestoweniger jedermann tut, die Kartographen eingeschlossen. Beim Herumstöbern zweierlei entdeckt: erstens, dass die zwei Versalien in IJsselmeer korrekt sind, da es sich um eine Ligatur handelt, und zweitens, dass es im Niederländischen noch mehr „falsche Freunde" gibt, etwa das Adjektiv *schattig*, das auf Deutsch nicht *schattig* bedeutet, sondern *niedlich* – für *schattig* sagt der Niederländer *schaduwrijk*.

POST-VORSTAND JÜRGEN GERDES sieht nicht aus wie ein Spartaner, aber unter einem Bild von ihm stand kürzlich zu lesen, dass sein Büro „spartanisch möbliert" sei. Dagegen legt Leser B.-F. Widerspruch ein, und zwar unter Verweis auf das Sitzmöbel, in dem Gerdes für das Foto Platz genommen hatte. Das sei nichts Geringeres als ein Corbusier von Cassina, ein Sessel also, dem nachgesagt wird, dass er seiner klaren Gestalt wegen im Wandel von Zeit und Raum seinen Sinn behält respektive neu gewinnt. In Sparta wäre man mit so einem Sessel zumindest ins Gerede gekommen, und wenn man eruiert, was er kostet, kann bei Gerdes' Sessel von *spartanisch* im Sinn von *karg* keine Rede sein. Allenfalls im Sinn von *auf das Nötigste beschränkt* (Duden) wäre das Attribut vertretbar, doch müsste dafür erst nachgewiesen werden, dass der Corbusier für Gerdes wirklich das Nötigste ist. Leser B.-F. schlägt *minimalistisch* vor, was seiner Bedeutungsvielfalt wegen freilich auch riskant ist. Kleiner Exkurs: In einem niederbayerischen Postamt wurde der Chef einmal dadurch auffällig, dass er sich einen riesigen Ledersessel beschaffte. Man nannte ihn von da an nur noch „Ledersessel", seine Autorität sank rapide: „Sepp, du sollst sofort zum Ledersessel kemma!" – „I? Zum Ledersessel? Dees hat Zeit."

DIE ALTERNATIVE leitet sich vom lateinischen *alter* (*der eine* beziehungsweise *der andere von zweien*) her. Sie ist also nichts anderes als, so der Brockhaus von 1882, „eine Lage, in welcher man genötigt ist, von zwei Fällen einen zu wählen". Als Herr H. kürzlich bei uns erfuhr, dass die Berliner Verkehrssenatorin Ingeborg Junge-Reyer für die bekannt marode S-Bahn „drei Alternativen" prüfen wolle, überschlug er das im Kopf und kam – wie viel ist drei mal zwei? – auf sechs Möglichkeiten, von denen er aber nur drei erwähnt fand, noch dazu unter falscher Bezeichnung. So klar diese Sache ist, so sehr eignet sie sich für zwei ergänzende Überlegungen. Die erste ist sprachbeobachtender Natur und dreht sich um die Frage, wie man es mit Wörtern halten soll, die im Lauf der Zeit einen Bedeutungswandel erfahren. Täter ist in aller Regel die Sprachgemeinschaft, die entweder, wie bei der Alternative, in ihrer Mehrheit die lateinische Wurzel nicht mehr kennt oder die in unbewusster Souveränität beschließt, dass eine Alternative auch mehr als zwei Möglichkeiten umfassen kann. Das endet damit, dass sich die Alternative irgendwann als Synonym für Möglichkeit oder Variante etabliert hat und in diesem Sinn gefahrlos verwendet werden darf. Das sieht nun ganz danach aus, als sollte auf diese Weise der von Herr H. entdeckte Lapsus entschuldigt werden. Womit wir bei der zweiten Überlegung wären, einer Überlegung pro domo sozusagen. Dieser Tage kam Post von dem ebenso sprachsicheren wie strengen Leser G., einem Mann, der diese Kolumne der „Weichspülerei“ zeiht, da sie die Gewissenserforschung mit „nivellierenden Kommentaren“ begleite und letztlich „zur Ergötzung ohnehin Gleichgesinnter“ geschrieben werde. Dass die Ergötzung Gleich- und auch Andersgesinnter ein gern verfolgter Nebenzweck des Sprachlabors ist, wird nicht bestritten. Keineswegs geht es jedoch darum, die Missgriffe des journalistischen Alltags klein- oder gar schönzureden. Wenn die begleitenden Erörterungen nivellieren, dann allenfalls in dem Sinn, dass es in der Sprache bunt und ambivalent zugeht und dass manches vermeintliche Stolpern auch ein Schritt in die richtige Richtung gewesen sein könnte.

AUCH FALSCHE FREUNDE können Freunde fürs Leben sein. Im Austausch der Sprachen kennt man die Faux amis als Fallen, in die man immer wieder tappt, obwohl man durch Übersetzungspannen wie *kalt* für *caldo* (warm), *Öl* für *øl* (Bier) oder *bekommen* für *become* (werden) hätte gewarnt sein müssen. Nun gibt es neben den echten falschen Freunden auch falsche falsche Freunde. Um das Kind beim Namen zu nennen, handelt es sich dabei um die falsche Verwendung des falschen Wortes, in unserem Fall des gar nicht so fremden Fremdworts *Expertise.* Leser M. fand den Lapsus in einem Artikel über das Duo Merkel/Ackermann: „Die Kanzlerin berät sich aber nicht mehr mit ihm, sie bedient sich nur noch seiner Expertise.“ Gemeint war natürlich „seines Fachwissens“, doch so, wie es dastand, hörte es sich an, als habe der Bankier für die Kanzlerin ein Gutachten erstellt, eine Art Leitfaden zum Regieren, aus dem sie nun die Bruchstücke ihrer Richtlinienkompetenz bezieht. Selbst wenn das lateinische Grundwort *experiri* auch *es auf etwas ankommen lassen* bedeutet, sollte man es bei Fremdwörtern nicht unbedingt drauf ankommen lassen.

NICHT ALLE FREMDWÖRTER erschließen sich sofort und ohne weiteres. Leute, die kein Chinesisch können, grübeln zum Beispiel immer wieder nach, ob Tian'anmen nun Platz des himmlischen Friedens heißt oder nur Himmlischer Frieden, ein Grübeln, das sich bei der Place Vendôme oder dem Times Square in aller Regel erübrigt. Für Leser M. (nicht den von der Expertise, sondern einen anderen) gibt es ein Wort, das auf ihn wirken dürfte wie der Place-Vendôme-Platz: *Düsenjet*. Dass er ihn ausgerechnet in unserem technisch versierten „Mobilen Leben" fand, bereitete ihm nicht wenig Spaß, und so seien denn, um den nötigen Ernst beizusteuern, die Kollegen daran erinnert, dass *jet* allein schon *Düsenflugzeug* heißt, der *Düsenjet* also ein *Düsendüsenflugzeug* wäre. Für Daniel Düsentrieb gilt diese Übersetzungshilfe übrigens nicht. Er nennt sich im Original Gyro Gearloose, und wenn das mal kein Zauberwort ist, was dann?

FREUDE AM DRUCKFEHLER? Leser R. unterstellt sie uns, und was soll man sagen, recht hat er! Bei dem von ihm entdeckten Exemplar handelt es sich um die von Raffael gezeichnete „Muse Urbania", die bei Christie's zwischen 12 und 18 Millionen Pfund einbringen sollte. Tatsächlich waren es dann 29 Millionen, ein Preis, welcher der für Astronomisches zuständigen Muse Urania – so ihr richtiger Name – gut zu Gesichte steht. Als die neun Töchter des Königs Pieros einmal die Musen zum Wettstreit herausforderten und dabei verloren, wurden sie zur Strafe für ihre Überheblichkeit in Dohlen verwandelt. Der Kollegin, die das „b" einfügte, ist Vergleichbares bisher gottlob nicht passiert.

DASS SICH der Menschen- und Warentransport auch heute „oft noch als eine Bricolage-Kunst" gestaltet, ließ Leser Dr. H. aufhorchen. „Eine was?", fragte er an und nennt das Fundstück nun seinerseits eine „Trouvaille". Strafe muss sein.

DAS GRIECHISCHE ist auch insofern eine spannende Sprache, als es die ähnlichen Wörter *éthnos*, *éthos* und *étos* im Angebot hat: *Volk, Gewohnheit, Jahr.* Was sie über den Anfangsbuchstaben hinaus verbindet, ist das sächliche Geschlecht, das das Lehnwort *Ethos* in die Gegenwart herübergerettet hat. Es war also, wie Leser Sch. anmerkt, unser Wirtschaftsteil ziemlich ungriechisch, als er Hans Küng nachsagte, dieser habe sich „für einen weltweit gültigen Wirtschaftsethos starkgemacht". Hätte er einen weltweiten Wirtschaftseros gefordert, hätte die Sache gestimmt, aber so weit geht nicht einmal Hans Küng.

ANKERMANN, lass die Wacht! Der kürzlich verstorbene Walter Cronkite war wohl der *Anchorman* schlechthin; er galt als „the most trusted man in America", was bei uns einmal mit „meistvertrauter Mann" wiedergegeben wurde. Wenn unser kleines Anglinum nicht trügt, ist der „most trusted man" aber so etwas wie der „glaubwürdigste Mann". Den Mann hingegen, mit dem man auf dem zu Recht geschätzten vertrauten Fuße steht, würde man wohl eher mit einem Attribut wie „close" behängen, wouldn't we?

„ICH NEHME DOCH AN", schrieb Leserin M. kürzlich, „dass man die SZ auch ohne Zuziehung von Wörterbüchern lesen können sollte." Das walte Gott, möchte man darauf antworten, doch sieht es in der Wirklichkeit so aus, dass „realitätsaffin", „Entrepreneur" oder „inkommensurabel" keineswegs zum Alltagswortschatz gehören. Besonders dürfte dies für das Wort „serapiontisch" gelten, das weder mit den Seraphim noch mit Serpentinen etwas zu schaffen hat, sondern mit einer Erzählweise, bei der sich das Reale und Phantastische so durchdringen, dass Romantik daraus erwächst – E. T. A. Hoffmann, mit einem Wort. Zugunsten des SZ-Autors, der dieses Wort verwendete, muss gesagt werden, dass er sich deutlich auf Hoffmanns „Serapionsbrüder" bezog. Dieser Bonus war in Frau M.s Augen allerdings verwirkt, als er im gleichen Atemzug ein „eskapistisches Rockgebäude" erstehen ließ.

WIE DER KALIFORNIER ALS SOLCHER beschaffen ist, kann man nicht mit einem Wort sagen. Bei uns hieß es, er sei „ein eher zurückhaltender als extemporierter Mensch", eine insofern richtige Charakteristik, als der Kalifornier wohl in der Tat nicht aus dem Stegreif gesprochen ist, mag er gleich im Einzelfall diesen Eindruck erwecken. Leser D. holt das richtige Wort aus der Schatulle: „extrovertiert".

WAS IST LOS, wenn einer unserer besten Autoren die Predella zweimal hintereinander als „Pedrella" bezeichnet? Ist der Geist über ihn gekommen, so wie weiland über Stoiber, als er die „gludernde Lot" entfachte? Wollte er einen Scherz von der Sorte „Schnaprikapitzel" unterbringen? Begab sich eine Metathese, wie sie aus der Lautlehre bekannt ist – Krokodil versus cocodrilo, Roland versus Orlando, Wespe versus Weps? Leser E. wüsste das gern, wir vom Labor auch.

FREMDWÖRTER SIND GLÜCKSSACHE – so zitiert Leser C. seinen alten Deutschlehrer. Aktuell will er damit die Stelle geißeln, wo es im Bezug auf das Wattenmeer hieß, die Anerkennung der Unesco erhalte so ein „Reservoir" erst dann und dann. Auch hier sei für den Kollegen ein Wort eingelegt, da das Wattenmeer sowohl Biosphären-Reservat ist als auch Nahrungs-Reservoir für Millionen Lebewesen. Fremdwörter sind also nicht nur Glückssache, sondern oft eine rechte Syphilisarbeit.

WORTGEKLINGEL! Das ist ein Vorwurf, mit dem die Leser, oft zu Recht, schnell bei der Hand sind. Herr H. hatte sich in die Rezension eines Buches über den Anglisten Wolfgang Clemen vertieft und war dabei auf zwei ihn höchst irritierende

Begriffe gestoßen: *Mäeutik* und *sprezzatura*. Von der Mäeutik fühlte er sich geschmeichelt, weil er sie nicht verstand und trotzdem vorgesetzt bekam, die sprezzatura dagegen bewertete er als falsch. Im Sprachlabor wurden daraufhin die Bunsenbrenner angeworfen, mit folgendem Ergebnis. Die Mäeutik kommt vom griechischen *maieutiké* und bedeutet Hebammenkunst. Man versteht darunter im weiteren Sinn jene Art der Gesprächsführung, die Sokrates in Anspielung auf seine Mutter Phainarete, eine Hebamme, Geburtshilfekunst genannt hatte und die darauf abzielt, im Dialogpartner Gedanken an den Tag zu fördern, die schon in ihm lagen, ohne dass er sich dessen bewusst gewesen wäre. Kein alltägliches Wort, das ist richtig, aber bei bestimmten Themen wohl schwer zu umgehen. Was nun die sprezzatura betrifft, die im fraglichen Text mit Leichtigkeit übersetzt worden war, so schrieb uns Herr H., sie rufe „eher den Gedanken an Abscheu als an Leichtigkeit" hervor. Dem kann man einerseits folgen, und zwar nach Befragung eines uralten Taschenwörterbuchs, das *sprezzatura* mit *Vernachlässigung (im Anzug)* wiedergibt. Andererseits kennt man in der Welt des Schönen die sprezzatura als die Kunst, auch das Schwere leicht und mühelos erscheinen zu lassen. Der Begriff geht auf Baldassare Castiglione zurück, der ihn im „Buch vom Höfling" als neues Wort einführt, „per dir forse una nova parola"; dahinter steckt allerdings das Verb *sprezzare* gleich *verachten*, das Castiglione mit bis heute anhaltender Wirkung ins Positive umdeutete. Fazit: Der Leser hat recht, wir aber auch ein bisschen (siehe auch S. 224/225).

SPRACHSCHÖPFERISCHES schätze sie sehr, schreibt Frau P., aber müsse es deswegen gleich *mäandrieren* statt *mäandern* sein? Der Duden lässt beide Formen zu, und in Fleischers „Wortbildung der deutschen Sprache" steht die Suffixerweiterung *-ieren* technisch wie semantisch fast gleichberechtigt neben dem einfachen *-ern*. Schwieriger zu bewerten ist die von

Frau P. ebenfalls kritisierte Impression, dass im Alentejo „Esel leutselig unter Pinien“ herumstehen. Man kennt zwar kein Tier in seinem Inneren, aber dass der Esel leutselig sei, bedarf weiterer Recherchen, wenn nicht sogar einer Dienstreise nach Portugal.

IN EINER REPORTAGE über Ingrid Betancourt hieß es, sie, „die Diva aus dem Dschungel“, habe „das Bohei“ um ihre Person und ihr Schicksal selbst geschürt. Das führte zu einem Bohei ganz anderer Art, indem unsere Leserin Sch. wissen wollte, was das Wort *Bohei* in dem Artikel solle und was überhaupt damit gemeint sei. Die Recherche glich einer vorösterlichen Eiersuche, nur dass leider kein Nest gefunden wurde, sondern nur Fragmente. Der Duden führt das *Buhei* im Sinne von *Aufheben* auf die Ausrufe *bu(h)* und *hei* zurück. Ergiebiger, jedenfalls lustiger war der „Wortistik“-Blog der *taz*. Dort wurde zunächst eine Rangliste der Schreibweisen aufgestellt; Bohei führt klar mit 15 700 Treffern, am Ende steht Buhey mit 5 Treffern. Der erste Kommentar weist darauf hin, dass man in Neuseeland einen entlegenen Platz, wohl auch ein Irrenhaus, *boohai* nenne. Darauf schrieb ein Österreicher: Bei ihnen heiße das *Bahö*, was in der Fachliteratur mit Ausdrücken wie *Bahöö* oder *Bahöll* (Durcheinander, Lärm) bestätigt wird. Ein weiterer Kommentator brachte das gälische *buaidh* für *Sieg* ins Gespräch, das einer entsprechenden Homepage zufolge tatsächlich als „Boo-aye“ ausgesprochen wird. Der Blog endet mit dem Hinweis, dass unser *Nein-Ja* auf Chinesisch *Bo-Hai* heißt, womit auch dieser Suche – mit einem herzhaften „bu(h)“ respektive „hei“ – ein Ende gesetzt sei.

DIE KOLLEGEN vom Ressort Feuilleton können oft so viele Sprachen, dass die Sphären ineinander verfließen. So kam es, dass der Appell „Fuera el invasor!“ auf einem spanischen Plakat von 1937 mit „Raus mit dem Invasoren!“ übersetzt wurde, obwohl sich „Raus mit dem Angreifer!“ doch förmlich angeboten hätte. Der *Invasor* ist in der deutschen Sprache ungebräuchlich, allenfalls im Plural findet er Verwendung. Dass er hier zudem mit dem falschen Dativ *Invasoren* (statt Invasor) versehen wurde, zeigt, dass da etwas „fuera de control“ geraten ist, außer Kontrollen gewissermaßen.

EBENFALLS IM FEUILLETON stand kürzlich die Überschrift „Mysthische Männlichkeit“, die schon deswegen zum Lesen des Artikels reizte, weil man wissen wollte, ob die in Frage stehende Männlichkeit nun mystisch oder doch eher mythisch ist. Da im Text einmal von „Mythen der schwarzen Männlichkeit“ die Rede ist, war wohl Letzteres gemeint.

DER LESER hat zwar so gut wie immer recht, aber man muss es auch nicht übertreiben. „Die Diva drängt ins Rampenlicht“, lautete kürzlich eine Rubrik, und da mit der Diva Nicolas Sarkozy gemeint war, fand Leser Dr. H., es hätte nach italienischem Vorbild besser „der Divo“ geheißen. Dem schließen wir uns nicht an, denn sonst müssten wir am Ende womöglich einmal schreiben, Peer Steinbrück (nur ein Beispiel, nicht persönlich gemeint) benehme sich wie ein Primo uomo, obwohl wir doch sagen wollten, dass er sich wie eine Primadonna aufführe. Ob Dr. H. sich nun grämt? Wohl kaum, denn wie ein Prinz auf der Erbse wirkt er nicht.

ALS WIR vor längerer Zeit die Meldung „EU sanktioniert das Mugabe-Regime“ druckten, schnitt Leser Dr. H. den Text aus, klebte ihn auf ein Blatt Papier, wies mit einem roten Pfeil auf das Wort „sanktioniert“ und schrieb „Oho!“ daneben. Nun findet ein „Oho!“ aus Leserkreisen bei uns immer offene Türen und Ohren, in diesem Fall aber müssten wir fast sagen: Selber oho! Wenn wir Dr. H. richtig verstehen, will er die EU dafür kritisieren, dass sie Mugabes Regime anerkennt, gutheißt, möglicherweise sogar segnet oder heiligt, wie das aus dem lateinischen Verb *sancire* ja klar hervorgeht. Daneben gibt es aber auch die Bedeutung *bestrafen, verpönen*, und wenn die EU das mit Mugabe tut, sollte man nicht „Oho!“ sagen, sondern „Aber hallo!“ oder so was Ähnliches.

UND WAS SAGT DIE GRAMMATIK DAZU?

In diesem Kapitel begegnen wir dem vierstöckigen Hausbesitzer, der in jeder seiner Wohnungen flüssige Seifenbehälter hat anbringen lassen.

„WER BRAUCHEN ohne *zu* gebraucht, braucht *brauchen* gar nicht zu gebrauchen." Was wurde uns dieser eselsbrückengleich geschwungene Satz nicht eingebläut, und zwar mit Erfolg: Die meisten gebrauchen *brauchen* mit *zu*, jedenfalls in der geschriebenen Sprache. Leser G. hat in der SZ nun ein paar Stellen gefunden, an denen diese Regel missachtet wurde, unter anderem den wackeren Satz „Aber wir brauchen keinen Schiss haben", der freilich ein Zitat war. Seine ebenfalls sehr beherzte Nachfrage lässt sich in Kürze dahingehend beantworten, dass unser Blatt an *brauchen … zu* festzuhalten gedenkt, was Ausrutscher nicht ausschließt. In Germanistenkreisen ist es indessen kein Geheimnis mehr, dass der Infinitiv mit *zu* nach *brauchen* mehr als wackelig ist. Das hängt mit dem Status von *brauchen* zusammen, das drauf und dran ist, zu den Modalverben überzulaufen. Die Umgangssprache hat daraus längst die Konsequenz gezogen und gebraucht *brauchen* wie *dürfen, müssen* oder *wollen*, also „mit ohne *zu*".

WENN SICH LESER über den in der Tat unsäglichen Plural „Mitgliederinnen" mokieren, geht das selten ohne die einschlägigen, ihrerseits ebenfalls nicht besonders noblen Wortspiele ab. Leser S. hat natürlich recht: Der Begriff hätte nicht vorkommen dürfen, übrigens auch nicht in der von der *taz* schon verwendeten Form „MitgliederInnen", die keinen Deut besser ist. Seine an diesen Lapsus anknüpfenden Scherze geben wir trotzdem nicht wieder.

MÄDCHEN, die Fußball spielen, wären nach obigem Muster Mitgliederinnen ihres Clubs. Als grammatische Wesen sind jedoch sowohl sie als auch die Mitglieder Neutra, und darum kann man auch nicht, wie auf unserer TV-Seite geschehen, die Geschichte eines Mädchens erzählen, „die entgegen dem Willen ihrer Eltern ihrer Liebe zum Fußball frönt". Die Forderung Leser W.s, den Verfasser oder die Verfasserin dieses

Halbsatzes zu rügen, ist ein Pass, den wir aufnehmen und unverzüglich „verwandeln".

DIE MITGLIEDERIN kommt normalerweise nur in feminismuskritischen Satiren vor, doch weiß Leser H. auch von Organisationen zu berichten, die ihre Mitglieder allen Ernstes mit „Liebe Mitglieder und Mitgliederinnen" ansprechen. Ungeachtet seiner von Witzbolden oft anspielungsreich verwendeten Wortbestandteile ist das *Mitglied* ein Neutrum, weswegen es sich verbietet, davon nach dem Muster *Lehrer/Lehrerin* eine weibliche Form abzuleiten: *Mitgliederin* geht so wenig wie *Kinderin.* Mit den von Herrn H. in einem Bildtext entdeckten „Mitgliederinnen" verhält es sich genauso, doch könnte es, da die Damen auf dem Bild einem Kollektiv namens Fräulein Wunder AG angehören, auch als winzig kleiner Scherz gedacht gewesen sein.

ÜBER BURGHAUSEN erhebt sich die längste Burg der Welt, ein Umstand, der von einer Werbeagentur unlängst so zusammengefasst wurde: WELT LÄNGSTE BURG. Der Stadt hat das viel Spott eingebracht, mochte der Bürgermeister gleich kontern, hier sei „eine Wort-Bildmarke mit hohem Wiedererkennungswert" entstanden. Selbst wer WELT und LÄNGSTE zu „weltlängste" zusammenzieht, steht immer noch vor der Frage, ob so ein Superlativ zulässig ist, da ihm doch die Vorformen *weltlang* und *weltlänger* (Positiv, Komparativ) fehlen. Ähnlich verhält es sich mit dem beliebten Adjektiv *weltbester,* über das sich Leser Sch. gar nicht genug ärgern kann. Er fand es in einer Beilage, in der es um Kreuzfahrten ging, und dort wurde die *Europa* als „weltbestes Kreuzfahrtschiff" gerühmt. Hier fehlen die Formen *weltgut* und *weltbesser* ebenfalls, doch gibt es mittlerweile derart viele *weltbeste* Läufer, Springer, Boxer, Schwimmer und sonstige Sportler, dass wir das Wort so schnell nicht mehr losbringen werden. Wo es wirklich gut aufgehoben ist, lesen es freilich nur wenige: bei Kant zum Beispiel, der einmal von „einer mit der Befolgung moralischer Gesetze harmonisch zusammentreffenden Glückseligkeit vernünftiger Wesen“ sprach und dies „das höchste Weltbeste“ nannte.

OBGLEICH, wie im Grimm vermerkt, sowohl *schleifen, schliff, geschliffen* als auch *schleifen, schleifte, geschleift* auf das althochdeutsche *slîfan, sleif, gisliffan* zurückgehen, ist das nicht Jacke wie Hose. Man schleift zwar Messer und Burgen, aber wenn man damit fertig ist, hat man außer den sehr unterschiedlichen realen Ergebnissen auch zwei sehr unterschiedliche Vergangenheitsformen vor sich: Die Messer wurden *geschliffen*, die Burgen hingegen *geschleift*. Leider wird das bei uns im Blatt immer wieder verwechselt, so kürzlich, als es zum Verdruss einiger Leser hieß, dass einige Kreisverbände der Linken „geschliffen“ werden sollten. Oft wird zur Entschuldigung angeführt, dass jüngere Kollegen das Schleifen von Burgen nicht mehr hätten erleben können. Das ist aber Unsinn, da Burgen, die auf sich hielten, schon vor 500 Jahren geschleift worden waren, und wir Älteren trotzdem wussten, dass man sie nicht geschliffen hatte. „Von einer geschliffenen Sprache“ kann laut Leser B. in solchen Fällen „nicht die Rede sein, viel eher von einer geschleiften“.

ZU „GESCHLEIFT UND GESCHLIFFEN“ lieferte ein Kollege kürzlich eine Parallele. Er schrieb, zum Missfallen von Leserin G. und Leser K., dass die bayerische Lebensmittelkontrolle im vergangenen Jahr Bußgelder gegen 209 Bäckereien „verhangen“ habe. So sehr man die Aufpasser dafür loben muss, so sehr sollte man darauf achten, dass Bußgelder, Plagen, Strafen, Flüche und sonstige Verhängnisse nicht verhangen, sondern verhängt werden, unbeschadet dessen, dass die Dichter das hin und wieder anders handhaben, zum Beispiel so: „Nun, wir haben es erlebet, / Was du, Gott, verhangen hast“ (aus Martin Opitz’ Gedicht „Galathee“).

EINE RECHT WEIT GESTREUTE VERWANDTSCHAFT hat *der vierstöckige Hausbesitzer*, der in keinem grammatischen Kuriositätenkabinett fehlt. Unter den bekannteren seiner Bruderskinder findet sich *der geräucherte Fischladen* und *der flüssige Seifenbehälter*; als sein vornehmster Neffe gilt *die gut sitzende Ruhe seines Anzugs* (aus Musils „Mann ohne Eigenschaften" verkürzt zitiert). Eine Kollegin hat nun die „nackten Mädchenbilder" des Fotografen Jock Sturgess hinzugefügt, die Leser Dr. K. nur zu gern auch gesehen hätte. Wir könnten uns jetzt dahinter verschanzen, dass so eine Verschiebung der logischen Wortbeziehungen auf den schönen Namen Enallage hört, doch da dies eher nach einer klinischen Bezeichnung klingt, sei der Kollegin geraten, künftig von *Nackte-Mädchen-Bildern* zu reden.

„HURRA", rief Leser B. kürzlich, „die *humanitäre Katastrophe* hat ein kleines Geschwisterchen bekommen: das *fossile Kraftwerk*", und da er schon mal in Fahrt war, deutete er, wie zum Erweis der nahen Verwandtschaft, auf das *bleifreie Auto*, den *kalorienarmen Koch* und noch ein paar dieser Geschöpfe. Sie alle sind uns vertraut, wir kennen sogar ihren berühmten Onkel, den oben erwähnten *vierstöckigen Hausbesitzer*, doch anders als bei diesem neigen wir beim *fossilen Kraftwerk* zur Toleranz. Natürlich hat Herr B. recht, wenn er, von der Bedeutung des Wortes *fossil* ausgehend, sich und uns fragt, ob es möglich sei, bei Ausgrabungen statt auf versteinerte Quastenflosser auf funktionierende Kraftwerke zu stoßen. Andererseits ist die korrekte, beispielsweise von der RWE verwendete Bezeichnung *fossil gefeuerte Kraftwerke* nicht nur unhandlich, sondern wegen der Zweideutigkeit von *gefeuert* auch leicht komisch.

7

DER FALSCH BEZOGENEN ADJEKTIVE bei Komposita gedenkt auch Leser Dr. D., wobei sein Beispiel weit weniger eingängig ist als unser guter alter *vierstöckiger Hausbesitzer*. Herr D. moniert bei uns das ebenfalls schräge, aber vergleichsweise harmlose „Kooperationsverbot zwischen Bund und Ländern" und kommt von da auf Guttenbergs viel beredete Doktorarbeit über die Verfassungen der USA und der EU, in deren Titel ihm der Ausdruck „Konstitutionelle Entwicklungsstufen" missfällt. Das ist, wie man so sagt, nicht unser Bier. Trotzdem haben wir hier ein schönes Beispiel für diese Sorte von Kurzschlüssen, denn gemeint war ja wohl „Stufen der konstitutionellen Entwicklung". Mehr noch: Übersetzt man *konstitutionell* ins Deutsche, hieße es „Verfassungsmäßige Entwicklungsstufen", was die Folgerung zuließe, dass es auch verfassungswidrige Entwicklungsstufen gibt.

SCHON SCHWER GENUG zu verstehen, was Wolfgang Ambros meint, wenn er vom Skifahren singt, es sei „des Leiwandste, wos ma sich nur vurstön konn". Noch mehr irritierte Leser K. unsere Behauptung, Skifahren im Kaukasus sei „ein betrübter Genuss". Gemeint war, dass der Genuss durch die Terrorbekämpfung neben der Piste getrübt werde, was den Skifahrer betrübt mache. So jedenfalls muss man sich das vurstön.

WIE DAS WETTER, so das Unwetter: immer die Hand im Spiel! „Nicht alle Spieler beendeten wegen Unwetters die Runde", hieß es bei uns über ein Golfturnier in Johannesburg, und Leser W. verstand das so, dass zwar alle Spieler wegen Unwetters angetreten waren, aber nicht alle bis zum Ende durchhielten. Möglicherweise ging es dabei um den Cup im Grand Thunderstorm Open, und dass da die Nerven flattern wie die Fahnen am Flaggenstock, kann man ja verstehen.

UND WAS SOLL mit dieser Einsendung geschehen? Leser F. schreit angesichts der Überschrift „Vom Dissident zum Dichterpräsident" so empört auf, wie sich das nach Lage der Dinge auch gehört, nur spricht das Archiv hier eine andere Sprache. Der dort auffindbare Gedenktext für Václav Havel trägt einen Titel, in dem sowohl der Dissident als auch der Präsident korrekt, also „schwach", dekliniert sind: „Vom Dissidenten zum Dichterpräsidenten." Möglicherweise hat Herr F. eine noch unfertige Version zu Gesicht bekommen, und es wird ihm ein ungenügender Trost sein, dass wir hin und wieder das, was wir *dem Dissident* fälschlicherweise verweigern, *dem Autoren* genauso fälschlich zuschlagen.

DAS INTERESSE als solches ist ein weiter Begriff, es reicht vom Kant'schen Interesse der Vernunft an sich selbst und an den höchsten menschlichen Zwecken bis hin zu jenem öffentlichen Interesse, hinter dem sich das allgemeine Wohl verbirgt. Als Leser D. die Überschrift „Tischtennis verliert Interesse" zu Gesicht kam, fiel ihm weder Kant ein noch unser aller Wohlfahrt, sondern nur die Frage „Woran?" Woran verliert das Tischtennis sein Interesse: an der Platte, am Netz, am Ball? Bei Lektüre des zugehörigen Artikels erfuhr er dann, dass der Tischtennissport schon noch daran interessiert wäre, betrieben zu werden, dass er aber gegen andere Sportarten an Bedeutung verliert. Mit „Tischtennis verliert *an* Interesse" hätten die Kollegen vom Sport eine Überschrift gehabt, die wie ein Topspinball über die Platte gegangen und auch von Herrn D. schwer zu parieren gewesen wäre.

FREUNDE DIESER KOLUMNE streichen nicht nur Fehler an, sondern liefern oft auch Analysen. Einer von ihnen, Leser E., hat sich wegen *ersetzen mit* bereits mit Microsoft angelegt. Als Beifang ging ihm nun unsere Formulierung „Airbus ersetzt sein erstes Langstreckenflugzeug mit einem neuen Modell" ins Netz. Hier ein Auszug aus seinem Plädoyer für die einzig mögliche Präposition *durch*: „Wenn ein Werkstück *durch* eine Schraube zusammengehalten wird, ist der Fokus auf die

Schraube gerichtet. Die Präposition *mit* wird ihrem vorkausalen Ursprung entsprechend immer mit der Zahl zwei (oder größer) in Verbindung gebracht. Das funktioniert einwandfrei bei dem Satz ‚Das Werkstück wird *mit* einer Schraube zusammengehalten', denn in der Tat sind am Ende zwei Gegenstände vorhanden: Werkstück und Schraube. Beim Ersetzen einer vorhandenen Datei *durch* eine neue ist am Ende nur noch eine da, nämlich die neue Datei, die in unserem Fall auch das Ersetzungsmittel ist. Um zu prüfen, ob *mit* angebracht ist, gibt es einen einfachen Trick: Man setze vor die Präposition das Wort *zusammen*, wie es der ursprünglichen kumulativen Bedeutung von *mit* entspricht. Auch bei wildesten Konstruktionen unter Verwendung von *mit* im übertragenen nichtkumulativen Sinn wird das vorgeschaltete *zusammen* zwar verblüffen, aber nicht wirklich stören. Erst der Satz ‚Wollen Sie die vorhandene Datei zusammen mit der neuen Datei ersetzen?' zeigt die Absurdität der Verwendung von *mit* in dieser Frage."

WIE WASSER ZU WEIN wird, wissen wir aus der Bibel. Das heißt, das Wie wird dort nicht verraten, wohl aber das Wo, das Wann und vor allem das Warum, nämlich weil kein Wein mehr da ist. Ein vergleichbares Wunder soll sich, wie bei uns zu lesen war, bald in Bochum ereignen, und zwar im Rahmen eines Geothermie-Projekts, bei dem Wasser durch ein Bohrloch in die Tiefe gepumpt wird und sich erwärmt, „um ... wieder hochgeholt und dann in Strom umgewandelt zu werden". Unser Leser Sch. fühlt sich da lebhaft an die alten Propheten und deren Vision „Schwerter zu Pflugscharen" erinnert, eine insofern schräge Reminiszenz, als das Wasser, jedenfalls vom Moralischen her, natürlich weit über den Schwertern steht.

STREIT gibt es allerorten, einen Plural bildet das Wort trotzdem nicht. Möglich ist die Form *Streite*, aber gemeinhin behilft man sich mit *Streitereien* oder *Streitigkeiten*. Dass sie im Singular verharren, ist guter Brauch bei den Begriffswörtern alias Abstrakta, und es gehört schriftstellerischer Mut, um nicht zu sagen ein Bündel von Müten dazu, sich über diese Regel hinwegzusetzen, beispielsweise mit „Ehrgeizen, die er noch nicht befriedigt hatte" (Anna Seghers, Die Gefährten). Leser R. ist bei uns über den Plural *Streits* gestolpert, das allerdings im Gastbeitrag eines Schriftstellers. Eine Korrektur ist unterblieben, vielleicht aus Respekt vor dessen Aussage: „Ich arbeite selbstbestimmt, ich bin keine Maschine."

WIE MÄCHTIG Musik im Ernstfall wirken kann, wissen wir aus Heinrich von Kleists Novelle „Die heilige Cäcilie oder Die Gewalt der Musik". Bei dem zum Lucerne Festival entsandten Kritiker ging es glimpflicher ab, doch riss ihn das Ereignis dermaßen hin, dass er über die Streicher schrieb, sie „reibten sich zart in kleinen und großen Sekundenintervallen". Die Leser E. und Dr. K. schreibten dazu heiter erstaunte Briefe. Ganz allein steht unser Mann mit seiner schwachen Konjugation des starken Verbs *reiben* übrigens nicht. Bei dem Portal „xLingua" wird das Präteritum von *aufreiben* so gebildet: *ich reibte auf, du reibtest auf* und so fort. xLingua versteht sich aber auch als „ein vollkommen neuer Ansatz zur Multilingualität".

AUF SEIN „BESCHEIDENES SPRACHGEFÜHL" beruft sich Herr J. Dieses lasse ihn als unvollständig empfinden, was in unserem Feuilleton über die neue isländische Konzerthalle Harpa geschrieben wurde, nämlich dass so ein Bau heute „wohl nicht mehr begonnen" würde. Korrekt müsse es heißen, dass er nicht mehr „begonnen werden" würde. Der Einspruch wird noch plausibler, wenn man das *würde* beispielsweise durch *dürfte* ersetzt. Bei der Konstruktion „Der Bau dürfte nicht mehr begonnen" sieht man sofort, dass ein wesentliches Element fehlt. Könnte es sein, dass im kritisierten Fall das fehlende *werden* durch das vorangegangene *würde* quasi aufgefressen wurde?

VERBRECHER wollen es hernach nie gewesen sein, und wenn man's ihnen nachweist, bestreiten sie zumindest den Vorsatz. Jetzt wurde einer wegen versuchten Raubmords an einem Taxifahrer gefasst; laut unserer Meldung bestreitet er, „den Taxifahrer töten haben zu wollen". Leser H., ein Kollege nebenbei, ist der Meinung, dass man das anders formulieren haben hätte wollen sollen. Beziehungsweise: müssen.

BEI DEM DAUERBRENNER *dass* vs. *damit* hat ein Kollege mit der Feststellung nachgelegt, dass im Norden von Kosovo „schon Kleinigkeiten ausreichen, damit die [...] Spannungen wieder aufbrechen". Leser E. weiß es besser: Weil diese Spannungen die Folge der Kleinigkeiten seien und nicht deren Zweck, hätte statt des finalen *damit* das konsekutive *dass* verwendet werden müssen.

ABGEWINKT hat Leserin M.-G., als sie wieder einmal das Partizip *durchgewunken* sah. Es ist unkorrekt, kein Zweifel, doch sieht alles danach aus, als hätte es im Sprachgebrauch die Nase vorn. Zur Entspannung hier Moritz Gottlieb Saphirs fachlich hoch einschlägiges Gedicht: „Weil gar zu schön im Glas der Wein geblunken, / hat sich der Hans dick voll getrinkt. / Drauf ist im Zickzack er nach Haus gehunken / und seiner Grete in den Arm gesinkt. / Die aber hat ganz mächtig abgewunken / und hinter ihm die Türe zugeklunken."

DIE GEO-STRATEGIE steckt voller Rätsel, und eines davon entdeckte Leser Sch. jetzt bei uns: „Wir bewahren dank der *Leoparden* aus deutschen Waffenschmieden das Reich der Scheichs dafür, überhaupt erst zum Spannungsgebiet zu werden." Die Frage, die sich für Herrn Sch. daraus ergab, lässt sich ungefähr so stellen: Schützen wir die Scheichs *vor* Spannungen, oder heben wir sie *dafür* auf? Die Adverbien *dafür* und *davor* sind ihrem Sinn nach klar voneinander geschieden. Früher gab es da die eine oder andere Vermengung, etwa wenn Weislingen in Goethes „Götz" zu Adelheid sagt, er sehe sie wieder, und sie ihm entrüstet antwortet: „Mich wieder? Wir wollen dafür sein. Margarete, wenn er kommt, weis ihn ab." Generell ist zu Spannungen im Nahen, Mittleren und Fernen Osten ebenfalls mit Goethe zu sagen: „Da sei Gott *für*", also *vor.*

LESER E. IST SOWOHL PHYSIKER als auch Musiker und insofern der Genauigkeit aufs äußerste verpflichtet. Als er bei uns las, dass die Wehrpflicht auf Betreiben des „ehemaligen" Verteidigungsministers Guttenberg abgeschafft worden sei, klopfte er sofort ab und fragte, ob das denn nicht der „damals amtierende" Minister gewesen sei. Damit liegt er richtig, wobei ein früherer Deutschlehrer vielleicht angefügt hätte, dass es genau genommen der „damals amtiert habende" Minister gewesen sei.

WENN EIN LAGERARBEITER als stämmig bezeichnet wird, erregt das keinerlei Aufmerksamkeit. Als aber bei uns von einem Mann behauptet wurde, er sei das „Kind eines aus Polen stämmigen Lagerarbeiters und einer Hauswartsfrau", meldete sich Leser Dr. R. mit einem entschiedenen „Na, na, na". Recht hat er, denn unabhängig davon, wie stämmig Vater und Mutter gewesen sein mochten, war das Kind aus Polen stammend, allenfalls polnischstämmig, -blütig oder -bürtig, wobei man mit diesen Anhängseln, ihres erdigen Geruchs halber, sparsam umgehen sollte.

ÜBER GUNTER SACHS war bei uns, zur Erheiterung von Freund E., zu lesen, er habe „aggressive Amazoninnen" an die Wand seines Turmzimmers malen lassen. Bei allem Respekt vor dem Autor, der den Nachruf in größter Eile schreiben musste: Amazonen sind immer Frauinnen, der einzige männliche oder sächliche Amazon ist ein Internet-Versandhaus.

WENN MAKABRES hier einlangt, dann nicht selten aus Österreich, und so ist es denn der eifrige österreichische Leser E., der den Begriff *Kindsmörder* – so wurde bei uns Magnus Gäfgen genannt – mit dem des *Rindsbratens* in Verbindung bringt. Hintergrund der Koppelung ist die Überlegung, dass man auch *Rinderbraten* sagen kann, ohne dass damit unterstellt würde, der Braten bestünde aus dem Fleisch mehrerer Rinder. In lockerer Anlehnung daran plädiert Herr E. auch bei der Ermordung nur eines Kindes für den Terminus *Kindermörder*, nicht zuletzt deswegen, weil mit dem *Kindsmord* traditionell die bald nach der Geburt begangene Tötung des eigenen Kindes gemeint war (die *Kindstötung*, ein wegen der Zwangslage der ledigen Mutter „privilegiertes" Tötungsdelikt, wurde 1998 aus dem Strafgesetzbuch gestrichen). Man wird in dieser Sache zu keinem endgültigen, jedermann befriedigenden Befund kommen. Zwar ist Herrn E. zuzustimmen, wenn er für seine Sache den *Kinderschänder* anführt, der sich um dieses Titels willen ja auch nicht an mehreren Kindern vergangen haben muss. Andererseits kann auch hier ein Blick in den Grimm nicht schaden. Dort ist die *Kindermörderin* das Schlagwort, und die Differenzierung ein Kind vs. mehrere Kinder wird als „Pedanterei" abgetan. Der Autor erwähnt vielmehr Wörter wie *Kinderauge, Kindergrab* oder *Kinderkleid*, die ungeachtet ihrer pluralischen Bildung sehr wohl auch auf ein Kind bezogen werden könnten. Umgekehrt belässt es *Kindsverderber* leider selten bei einem einzigen Kind. Um noch einmal das Makabre an Österreich herauszustreichen, so sei an den bei Friedrich Torberg rühmlich erwähnten Anwalt Hugo Sperber erinnert, dessen Traum dieser Werbespruch war: „Räuber, Mörder, Kindsverderber / gehen nur zu Doktor Sperber."

DAUERBAUSTELLE Präpositionen! In einem Kommentar hieß es kürzlich „entgegen aller Ankündigungen". Wie Leser Dr. W. richtig feststellt, ist dies falsch bzw., um es voll krass zu sagen, sowohl gegen dem Sprachgefühl als auch wider der Grammatik.

DIE RÜCKBEZÜGLICHKEIT sieht Leser M. in Gefahr. In einem Bericht des Wirtschaftsteils über den früheren Ferrostaal-Chef Matthias Mitscherlich hatte es geheißen, dieser müsse „das Verfahren gegen ihn" nicht fürchten, eine Konstruktion, die auf das Reflexivpronomen verzichtet und eigentlich nur eine Frage nach sich ziehen kann: Und das Verfahren gegen sich, muss er wenigstens das fürchten?

WENN ES IM BETREFF eines Briefes heißt: „Was ich schon lange der SZ sagen wollte", klingt das nach Archibald Douglas und schwerem Leid: „Ich hab' es getragen sieben Jahr" und so. Nun trat Leser H. an uns heran, nicht in Knechtsgestalt, aber mit der Klage, dass über unserem Fernsehprogramm „Das Programm vom ..." statt „Das Programm für ..." stehe und dass er, H., dies nicht länger tragen könne. In der Alltagssprache wird da kein großer Unterschied gemacht. Mit Rücksicht auf den Sinn des griechischen *prógramma* (das vorher Geschriebene) muss man jedoch für die Präposition *für* plädieren. „Programm vom" hört sich fast so an, als sei der Fernsehabend vorbei und jemand habe noch schnell den Programmablauf dokumentiert. Das Sprachlabor hat nicht die Mittel und schon gar nicht die Macht, solche Seitentitel zu ändern, aber es trägt die Sache weiter. „Zu Ross, wir reiten nach Linlithgow."

QUOD LICET JOVI, non licet bovi, und deswegen sollte unsereiner, selbst wenn Goethe „die reingewölbteste Stirn" schreibt, nichtsdestoweniger bei dem Superlativ „reinstgewölbt" bleiben. In der Fachliteratur sind etliche Dichter und Denker mit solch falschen, jedenfalls steil anmutenden Superlativen vertreten; den Vogel schießt Schopenhauer mit der „schwerfälligsten, kleinkauendsten Weitschweifigkeit" ab.

Das heißt, bei *schwerfälligst* gibt es kein Problem, das würde keiner durch *schwerstfällig* ersetzen wollen. *Kleinkauend* hingegen ist ein Kompositum, dessen zwei Teile noch keineswegs zu einem einheitlichen Begriff mit neuem, übertragenem Sinn verschmolzen sind, und so würde man es in *kleinerkauend* und *kleinstkauend* steigern. Leser F. hat die Problematik an das bei uns gefundene Wort „engmaschiger" geknüpft, einen Komparativ, den er gern durch „engermaschig" ersetzt sähe. Dagegen ist wahrscheinlich nichts zu sagen, es sei denn, man zöge die Adjektive *engherzig* und *engstirnig* heran, bei denen Formen wie *engerherzig* oder *engststirnig* ja auch längst nicht mehr vorstellbar sind. Wie es aussieht, fährt am besten, wer mit der Thematik weitestherzig umgeht. – NACHTRAG: Unser Rat, bei der Steigerung zusammengesetzter Adjektive die größtmögliche Weitherzigkeit walten zu lassen, hat den Kollegen K., einen in Sprachdingen ebenso sensiblen wie kundigen Mann, auf den Plan gerufen. Seiner Ansicht nach haben Goethe und Schopenhauer recht, wenn sie *reingewölbtest* und *kleinkauendst* schreiben, also auf grammatikgerechte Superlative wie *reinstgewölbt* und *kleinstkauend* verzichten. „Sie erfinden", sagt K., „neue Adjektive und steigern sie so, wie die deutsche Sprache Adjektive steigert", nämlich am Ende des Wortes; begründungsbedürftig seien Ausnahmen wie *nächstliegend* statt *naheliegendst* . Dies zur allgemeinen Kenntnis, „mit dem gefühltesten Dancke" (Goethe) an Herrn K.

7

„SCHLICHT ZUM HEULEN" findet Leser W. Pilsen, das heißt, natürlich nicht Pilsen als solches, sondern die in unserem Feuilleton gefundene Schilderung, wonach „die Stadt … international wegen seines Bieres bekannt ist". Fehler wie dieser laufen unter der Rubrik „Qualität hat seinen Preis" und sollen nicht beschönigt werden. Man kann allenfalls rekonstruieren, wie es dazu kommt. Die Basismeldung der *dpa* sprach von der „tschechischen Biermetropole Pilsen", doch schien das dem

Bearbeiter wohl zu gedrängt zu sein. Also versetzte er sich im Geist nach Westböhmen und schrieb, dass Pilsen international wegen seines Bieres bekannt sei, wobei ihm in letzter Sekunde einfiel, dass Pilsen ja auch eine Stadt sei. Er fügte diese Information nachträglich ein, versäumte es aber, das Possessivpronomen entsprechend zu ändern: *ihres* statt *seines Bieres.* In Pilsen und drum herum würde man dazu möglicherweise „Na zdraví!“ sagen: Prost!

OHNE KONKRETES BEISPIEL, aber gestützt auf eine Serie von Fehlleistungen, fordert unser Wiener Leser R., niemals wieder „nahe des“ statt „nahe dem“ zu schreiben. Er hat ja nur allzu recht und glaubt auch die Ursache der Dativ-Verdrängung zu kennen: einerseits die ansteckende Wirkung von „unweit des“ oder „in der Nähe des“, andererseits der Gleichklang von Genitiv und Dativ bei Feminina („nahe der Brücke“). Ein rascher Rundgang durch unser elektronisches Archiv ergibt Tausende Genitiv-Konstruktionen, bei der SZ ebenso wie bei den übrigen Medien, und wer das Internet nach den Rektionsgepflogenheiten bei der Präposition *nahe* befragt, wird zu dem überschlägigen Ergebnis kommen, dass auf zwei richtige Dative je ein falscher Genitiv entfällt. Gibt man „nahe des *“ ein, stößt man übrigens sehr schnell auf den Treffer „Nahe des Geliebten“, der aber nur halb so schlimm ist, wie er sich liest. Er findet sich auf einer englischsprachigen Seite, die auch die Schubert-Lieder „Tranenregen“, „Tauschung“ und „Der Doppelganger“ führt (siehe auch S. 128).

NICHTS ALS UNBILL scheint von der maroden Hypothekenbank HRE auszugehen, und weil da kein Ende abzusehen ist, setzten zwei Kollegen, die darüber berichteten, die Unbill in den Plural. Leider wählten sie dafür die Form „Unbillen“, mit der sie den Unwillen des Lesers B. erregten. Was hat es mit diesem Wort auf sich? Man kann oft hören, dass die

7

Unbill ein Singularwort sei und sich den Plural bei Bedarf vom Unbild ausleihe: die Unbilden. Dazu steht im Grimm'schen Wörterbuch ein ziemlich scharfes Urteil, das hier im Original wiedergegeben sei: *„roh-äuszerlichste betrachtung sieht in* unbilden *den plur. von* unbill." Um die Sache zart-innerlichst zu betrachten, so läuft es wohl darauf hinaus, dass wir die Unbill im Singular belassen, sie vielleicht überhaupt nicht allzu oft strapazieren, und dass wir den Plural des Unbilds dem Wetterbericht vorbehalten, den sprichwörtlichen „Unbilden der Witterung".

DIE PLÜNDERUNG ROMS durch die Westgoten hat 1600 Jahre später noch etwas gezeitigt, nämlich die Frage, ob es von dem Wort *zeitigen* auch ein Passiv gibt. In einer Rezension war die Rede von der „uferlosen Literatur, die von diesem Ereignis gezeitigt wurde" (von der Plünderung, nicht vom Passivproblem), und Leserin Dr. Sch. kommt das, wie man im Hinblick auf den Schwerpunkt des Westgotenreichs vielleicht sagen darf, spanisch vor. Das Labor schließt sich dem instinktiv an, und die im Duden aufgeführten, samt und sonders aktiven Beispiele geben Frau Sch. und unserem Instinkt recht. Bei Grimm findet man zwar unter vielen aktiven Belegen auch „die gezeitigte Frucht", aber da diese Stelle aus einem Weingedicht Emanuel Geibels stammt, ist sie wohl nicht repräsentativ oder gar bindend. Adelung bezeichnet *zeitigen* als „ein Activum" mit der Bedeutung „zeitig oder reif machen". Sein Musterbeispiel lautet: „Die Sonne zeitiget alles", und wenn dabei auch für die Texte dieses Buchs ein wenig Reife abgefallen sein sollte, wäre das schön.

NICHTS ALS UNSICHERHEIT zeitigt die Deklination der Wörter *Philosoph* und *Apostroph.* Leser H. klagt den Duden und uns Schreiber der Inkonsequenz an, indem es einerseits *des Philosophen* und *die Philosophen* heiße, andererseits aber *des Apostrophs* und *die Apostrophe.* Wir haben uns in entlegene Grammatiken vorgearbeitet, wo von der „Motiviertheit der Deklinationstypen“ und vergleichbar schönen Sachen gehandelt wird, doch leider ohne vorzeigbares Ergebnis. Es sieht ganz danach aus, als müsste man gewisse Flexionsfinessen als gottgegeben hinnehmen, wobei sich allenfalls beim Apostroph so etwas wie ein Lichtlein zeigt. Es gibt neben ihm ja noch *die Apostrophe*, eine rhetorische Figur, bei der sich der Redner respektive Dichter vom bisherigen Publikum ab- und einem überraschend gewählten Zweitpublikum zuwendet. Das ist, wie wenn dieser Text plötzlich so weiterliefe: „Götter, welche Schmach, gibt es denn keine einheitlichen Regeln im weiten Erdenrund!“ Der Philosoph hat es da leicht: Ihm macht keine *Philosophe* Konkurrenz.

WENN'S UMS STREIFLICHT geht, näherhin um dessen Verteidigung, greifen wir tiefer als sonst in die Harfe. Heute rufen wir den Dichter Johann Christian Günther in den Zeugenstand, der in seinem Gedicht „Als er von seinem Nebenbuhler abgestochen zu werden besorgte“ – was für ein Titel! – den Frauen dies zum Vorwurf macht: „Ich kenne schon den Unbestand der Weiber, / die nicht so wohl den Mensch als nur das Wams beschaun.“ Und was soll damit verteidigt werden? Nichts, denn der Dativ „dem Mensch“, den Leserin K. im Streiflicht entdeckte und mit einem wilden „J'accuse!“ ruchbar machte, ist so falsch, dass ihm hier auf Erden nicht geholfen werden kann, auch nicht durch einen vergleichbaren Akkusativ aus der Poesie.

REZENSIONEN werden unter großem inhaltlichen und zeitlichen Druck verfasst, und so schrieb denn Leser B. diesem Druck auch zu, was sich in der „Tannhäuser“-Kritik kürzlich ereignete: der Hinweis, dass der Applaus ohne den „üblich gewordenen zu scheinenden Aplomb einer Staatsaktion“ vonstattengegangen sei. Die Konstruktion ist in der Tat kühn, wenn auch, wie bei kühnen Taten nicht selten, aus dem Lot. Korrekt hätte es „üblich geworden zu sein scheinenden" heißen müssen, Herrn B.s Variante „anscheinend üblich gewordenen" ist jedoch besser und schöner.

DAMIT ZUM GRIECHISCHEN! *Zeugma* bedeutet *Zusammenjochung*, und man bezeichnet damit in der Stilistik eine Redefigur, bei der sich ein Prädikat auf zwei oder mehrere Subjekte bezieht, obwohl es streng genommen nur zu einem passt. Ein klassisches Zeugma findet sich in Luthers Übersetzung von Psalm 34,16, die so lautet: „Die Augen des HERRN sehen auff die Gerechten / Vnd seine Ohren auff jr schreien." Das den Ohren eigene und für die Wahrnehmung des Geschreis bitter notwendige Hören wird durch das vorangehende Sehen der Augen abgedeckt, der Sinn leidet keinen Schaden. Nun gibt es auch Zeugmata, die ersichtlich auf Jux aus sind: „Er schlug das Fenster und den Weg nach Hause ein." Zwischen diesen Polen lebt ein Zeugma, das Leser H. mit Lust exzerpiert hat: „Kanzleramtschef Ronald Pofalla trägt zum Durcheinander in der Koalition bei, aber nicht die alleinige Schuld daran." Das liest sich zunächst harmlos, ja vernünftig, ist es aber nicht, weil die Verben *beitragen* und *tragen* unter der Hand in eins gesetzt werden. H. rät zur Nagelprobe, zur Transposition des Satzes ins Futur: „Pofalla wird zum Durcheinander beitragen, aber – " Aus diesem Durcheinander kommt der Kanzleramtschef so schnell nicht mehr raus.

DAS EINFACHSTE ist auch in der Sprache oft das Schwerste, und das nur deswegen, weil man nicht zu schreiben wagt, wie einem der Schnabel gewachsen ist. Es würde keinem Menschen einfallen zu sagen, er sei gestern „in ‚Die Zauberflöte'" gewesen, sondern er wird sagen, er sei „in der ‚Zauberflöte'" gewesen, und so sollte man das in Gottes Namen auch hinschreiben. Die Grammatik lässt die Beugung solcher Namen und Titel nicht nur zu, sondern fordert sie sogar, und dennoch ist Leser H. bei uns auf die Mitteilung gestoßen, Jost Vacano habe „bei der ‚Die unendliche Geschichte‘ die Kamera“ geführt. Dass derlei nicht mehr vorkommt, darauf haben wir unseren Autor schwören lassen, und zwar bei der „Die Bibel“.

IN DER FRAGE, ob das Perfekt von *herziehen* (im Sinn von *über jemanden/etwas böse reden*) mit *haben* oder *sein* gebildet wird, schweigen sich manche Wörterbücher völlig aus. Andere lassen sowohl „Er ist“ als auch „Er hat über seinen Nachbarn schlimm hergezogen“ gelten, rücken dieses Verb konjugationstechnisch also in die Nähe von *liegen, sitzen* und *stehen*, deren Perfekt in Norddeutschland anders gebildet werden kann als in Süddeutschland: „Ich habe/bin schon im Bett gelegen.“ Unser Leser H. ist in diesem Punkt etwas rigoroser. Als er bei uns im Blatt las, dass ein Regensburger Braumeister über andere Biermarken hergezogen habe, fragte er sich, ob der Mann denn diese Biere im Träger hinter sich hergezogen habe, ehe er über sie hergezogen sei.

IMMER WIEDER stolpern wir Schreiber und kurz danach die Leser über eine Inkongruenz, die Leser T. anhand dieses Beispiels zur Sprache bringt: „Eine Million Bürger erhalten Hilfe.“ Da die Million ein Singularwort ist, müsse es „erhält Hilfe“ heißen, schreibt er, doch wie so oft liegt die Antwort in der Mitte. In Grammatiken wird die Schwierigkeit erörtert, die sich daraus ergibt, dass ein Subjekt formal im Singular steht, dass inhaltlich damit aber die Vorstellung einer Vielheit verbunden ist; als Beispiele werden Mengenangaben wie *Handvoll, Masse, Reigen* oder *Trupp* genannt. In solchen Fällen lassen die Fachleute eine formal falsche „Konstruktion nach dem Sinn“ gelten und rufen dafür keinen Kleineren als Thomas Mann in den Zeugenstand: „Eine *Reihe* von edlen und nüchternen Geistern *haben* den Rauchtabak verabscheut" (Lodovico Settembrini im „Zauberberg").

IN EINER GLOSSE über das Modewort „Stress" griff ein Kollege vom Feuilleton auf die „guten alten präanglizistischen Zeiten" zurück, in denen man noch nicht gestresst war, sondern lediglich „abgespannt". Von diesem Wort hinwiederum behauptete er, es sei „als Kind" ein Rätsel gewesen. Als Erwachsener hat sich das wohl gegeben.

WER DA WEM SEIN TOD ist, steht noch in der Sternen: der Dativ dem Genitiv seiner oder umgekehrt. Sicher ist nur, dass sich zwischen beiden Kasus ein recht geräumiges Feld der Unsicherheit ausbreitet, beispielsweise wenn jemand „nahe dem Fluss" schreiben will und dann doch, um nur ja auf der vermeintlich sicheren Seite zu sein, „nahe des Flusses" schreibt. Ein Sonderfall dieser Phobie ist der Unwille, konsequent bei dem einmal als richtig erkannten Fall zu bleiben. In dem Bericht über ein Domizil für Versuchsaffen hieß es, der Besuch dort sei „mit Hilfe des Tierschützers Michael Aufhauser und seinem Tierrettungsgut Aiderbichl" arrangiert worden, und nicht nur Leser B. fragt sich, aufgrund welcher Hemmung dem Tierrettungsgut der ihm zustehende Genitiv vorenthalten wurde. Mit Hilfe der Grammatik und ihrem Regelwerk wäre das nicht passiert.

DAS MÖGEN WIR: Fragen, auf die es keine Antworten gibt! Leser S. will wissen, warum nach dem Ausbruch des Eyjafjallajökull jedermann von einer *Aschewolke* schrieb, wo doch alle anderen *Asche*-Komposita von einem „n" zusammengehalten würden: *Aschenbecher*, *Aschenputtel*, *Aschentonne* und so fort. Der statistische Befund gibt Herrn S. recht. Google bringt für *Aschewolke* 2 260 000 Einträge, für *Aschenwolke* hingegen nur 165 000, und auch bei uns im Blatt hatte die *Aschenwolke* so gut wie keine Chance: drei Erwähnungen. Das Grimm'sche Wörterbuch führt eine Menge von *Aschen*-Wörtern, darunter den wirklich seltenen *Aschenfister*, was soviel wie Schmutzfink bedeutet. Nach den Gesetzen der Wortbildungslehre wäre das Fugenelement „n" bindend, weil die erste Konstituente der ominösen Wolke, die Asche, ein auf „e" endendes Femininum ist. Beispiele dazu: *Taubenschlag, Budenzauber, Modenschau*, wobei ja schon der *Liebestrank* wieder aus der Reihe springt. Interessant ist in diesem Kontext der Unterschied zwischen *Spitzenfilm* und *Spitzbauch*, welch Letzterer allerdings mit dem Adjektiv *spitz* gebildet wird. Wäre das Substantiv *Spitze* mit im Spiel, würde aus ihm ein *Spitzenbauch*, der dann freilich nicht notwendigerweise spitz sein müsste. Dies in Kürze und zur Wiedervorlage beim nächsten Vulkanausbruch. – NACHTRAG: In der Frage *Asche*- oder *Aschenwolke* plädierten wir unlängst für die zweite Version, und zwar mit einer an Ausnahmen reichen Regel aus der Wortbildungslehre. Leser O. will nun wissen, ob das *Sprachlabor* demnach nicht auch besser *Sprachenlabor* hieße. Da dieser Titel indessen den Verdacht nähren könnte, in so einem Labor würde beispielsweise an der Verschmelzung des Deutschen mit dem Gälischen gearbeitet, lassen wir die Umbenennung vorderhand lieber bleiben.

„**SCHMACH** und Schande über dich!", sagt man gern, und der Angesprochene weiß auch, dass die pathetische Verwünschung so ernst nicht gemeint ist. Wenn aber Leser E. „Welche grammatische Schmach!" ausruft, dann soll das eine echte Wehklage sein. Sie gilt der Kollegin, die etwas „zum Schmach für die Wissenschaft" hatte werden lassen.

UNSER WIRTSCHAFTSTEIL berichtete über die Firma Lemken, die Agrarmaschinen herstellt, vornehmlich „Pflüge für die Bearbeitung von Böden". An dieser Stelle stutzte Leser Sch. schon merklich, weil er sich fragte, ob Pflüge vielleicht auch dazu gut seien, im Frühjahr den Parkettboden zu wenden. Sein Hauptanliegen war aber der Passus, wonach Lemken „zu den größten drei Anbietern weltweit" gehöre. „Zu den drei größten" müsse das heißen, meinte er, und in der Tat: Spricht man von den größten drei Pflugherstellern, weckt das den Verdacht, dass es neben ihnen auch kleinere drei, vielleicht sogar kleinste drei Pflughersteller gibt.

EIN INTERESSANTER DISKURS hat sich aus dem in dieser Kolumne kürzlich verwendeten Wort „nutzungsfähig" ergeben. Es war zwar ein Zitat, aber nicht deutlich genug als solches ausgewiesen, weswegen Leser L. in einem grimmigen Brief darauf verwies, dass das „nutzbar" heißen müsse. Auf unsere Antwort, das „abscheuliche" Wort sei aus einer anderen Sphäre übernommen worden, erwiderte Herr L., dass hier von „abscheulich" keine Rede sein könne: Es sei „schlicht und einfach falsches Deutsch". Dem ist zuzustimmen, da sich die Wortbildungen mit *-bar* sehr charakteristisch von denen mit *-fähig* unterscheiden, siehe das Paar *gehbar/gehfähig*. Dass es, wie das Paar *brauchbar/gebrauchsfähig* zeigt, aber auch zu „synonymischen Konkurrenzen" (Fleischer: Wortbildung) kommen kann, sei trotzdem angemerkt, mag es für die Causa *nutzbar* vs. *nutzungsfähig* gleich völlig nutzlos sein.

SCHOPENHAUER, der alte Grobian, wetterte einmal ganz abscheulich gegen die „Tintenkleckser", die für alle Formen der Vergangenheit nur noch das Imperfekt benützten. „Unter allen Sprachverhunzungen" sei diese „die niederträchtigste, da sie die Logik und damit den Sinn der Rede angreift". Leser Dr. H. ist um sehr viel höflicher als Schopenhauer, doch der unkorrekte Gebrauch der Vergangenheitsformen, in diesem Fall des zwar seltenen, aber auf seine Art ebenso würdigen wie schönen Plusquamperfekts, stößt auch ihm sauer auf. Sein Fund aus der SZ lautet so: „Bereits vor fünf Jahren, als erstmals Hinweise auf das Sponsoring bekannt wurden, hatten die Parteienrechtler Thilo Streit und Martin Morlock Kritik daran geübt." Wie Dr. H. sauber auseinanderlegt, können die besten Parteienrechtler keine Kritik üben, ehe sie nicht von den Usancen des Sponsorings erfahren haben, weswegen die Konstruktion folgendermaßen hätte lauten müssen: Vor fünf Jahren, als (besser: nachdem) Hinweise bekannt geworden waren, hatten Streit und Morlock Kritik geübt.

EINE MUTTER aus Rahway in New Jersey, die wegen einer aus Schnee erbauten Venus mit prüden Nachbarn Ärger hatte, wies darauf hin, dass die originale Venus ebenfalls nackt sei. Im Streiflicht wurde diese Aussage um die Floskel „ihres Wissens nach" angereichert, was Leserin Th. gar nicht gefiel. In der Tat hätte der Autor sich da zwischen „ihres Wissens" oder „ihrem Wissen nach" entscheiden müssen, am besten für die erste Version. Es handelt sich dabei um einen Adverbialgenitiv nach Art von „eines Abends" oder „leichten Schritts", der auch autonomer Genitiv heißt, weil er durch kein Element seiner Umgebung festgelegt wird – eine herausgehobene Existenz, die wir ihm auch losen Sinns nicht trüben sollten.

VOM VERSCHWINDEN der Musik handelte ein Text im Feuilleton. Darin wurde zweimal die Formulierung „zunehmend weniger" gebraucht, die Leser B.-W. insofern für widersinnig hält, als etwas, das weniger wird, doch nicht zunehmen könne – schließlich mache man auch keine Diät, um „zunehmend abzunehmen". Wohl wahr. Nichtsdestoweniger sei erwähnt, dass der Duden das Wort *zunehmend* als Synonym für *deutlich sichtbar* gelten lässt. Die kritisierte Floskel könnte dadurch ja an Plausibilität zunehmen. Mehr oder weniger.

DIE DATIV-ENDUNG *-en* steht zwar dem *Mensch-en* zu, nicht aber dem *Autor*, obwohl er doch auch ein Mensch ist. So will es die Grammatik, der man sich allenfalls im Scherz entziehen könnte: „Später flogen dem Autoren / Schmähkritiken um die Ohren“ oder so. In allen übrigen Fällen aber wollen wir, wie uns „Uraltabonnent“ B. rät, dem Autor geben, was des Autors ist, nämlich eine saubere Deklination: *der Autor, des Autors, dem Autor, den Autor.*

ECHOLALIE, so nennt man das pathologische Nachsprechen bereits gesprochener Wörter, und genau das vermutet Leserin W. hinter der Konstruktion, dass Atommüll da oder dort „gelagert werden werde“. Ganz so krankhaft ist die Sache aber nicht, was sich beweisen lässt, wenn man das Gebilde in den Indikativ setzt: dass der Müll „gelagert werden wird“. Das ist astreines Futur, mit dem man freilich desto vorsichtiger umgehen sollte, je deutlicher der Gegenwartsbezug ist. „Gelagert werde“ respektive „gelagert wird“ hätte locker gereicht.

EINS ZU VIEL, EINS ZU WENIG. Beim Rechnen gleicht sich das aus, bei Wörtern nicht. Leser Sch. hat zwei Beispiele parat. Das erste ist harmlos: ein überflüssiges *zu* bei „dass er auch anders kann, als nett zu sein“. Gravierender ist das zweite: „Der eine hatte 400 Kinderpornos auf dem PC, der andere Geld unterschlagen.“ Hier wird ebenfalls etwas unterschlagen, nämlich dass *haben* im Sinn von *besitzen* etwas völlig anderes ist als das Hilfszeitwort *haben* und dass das eine nicht durch das andere ersetzt werden kann. – NACHTRAG: Zwei Wochen nach dieser kleinen Erörterung steuerte Leser V., als wollte er uns über unsere Fehlbarkeit hinwegtrösten, ein Klassikerzitat bei, das ebenfalls an der Vermischung zweier Wortsorten krankt, nämlich Schillers „Ich habe gemordet, Kardinal, und keine Ruhe“ aus dem „Don Carlos“. Herr V. hat unseren Dank, aber sich vielleicht doch geirrt. Bei Schiller heißt es nämlich: „Ich habe gemordet, Kardinal, und keine

Ruhe – “, und diesen Gedankenstrich könnte man immerhin so auslegen, als habe König Philipp sagen wollen: „ ... und keine Ruhe ist mir beschieden, eh ich nicht gebeichtet.“ Oder so ähnlich. Unverzeihlich vom Großinquisitor, dass er ihn genau an dieser Stelle unterbrach.

AUF EIN INTERESSANTES Phänomen macht Leser E. aufmerksam. Er hat in diversen Nebensätzen ein in seinen Augen überflüssiges „nicht“ gefunden, überflüssig deswegen, weil schon der Hauptsatz eine Negation enthält. Hier ein Beispiel für alle: „Es dürfe keine Annäherung geben, bevor die Türkei nicht den Völkermord von 1915 anerkannt hat.“ Bei nüchterner Betrachtung muss man Herrn E. zustimmen, zumal da auch die Grammatik sagt, dass solche doppelten Verneinungen heute „als nicht mehr korrekt“ gälten. Andererseits führt gerade die nüchterne Betrachtung nicht selten in die Verengung, und wenn man ergänzend bedenkt, dass bei vorangestelltem Nebensatz die kritisierte Negation ohne weiteres gesetzt werden kann (Bevor es nicht regnet, spanne ich den Schirm nicht auf), wird das überschießende „nicht“ im nachgestellten Nebensatz so verkehrt auch nicht sein.

ÜBER DIE ALTEN KELTEN stand bei uns unlängst zu lesen, sie hätten nichts auf der Welt gefürchtet, außer dass ihnen der Himmel aufs Haupt fallen könnte. Das war unklug, denn nun ist ihnen, wie Leser K. bemerkt hat, auch noch ein unregelmäßiges Verb auf den Kopf gefallen, möglicherweise als späte Strafe dafür, dass sie die Köpfe ihrer Feinde den Pferden um den Hals „hingen“ statt „hängten“. Das Verb *hängen* gibt es – ach und weh, dass man daran erinnern muss – in transitiver und intransitiver Form. Hängt man Köpfe an Pferdehälse, so wird das, bei aller Ruchlosigkeit, regelmäßig gebeugt: Der Kelte hängt, hängte oder hat die Köpfe gehängt, diese hingegen hängen, hingen oder haben gehangen.

UND NOCHMAL ACH UND WEH: Das Verb *schleifen,* dieser Haudegen der deutschen Sprachglosse, verfügt ebenfalls über eine schwache und eine starke Konjugation, je nachdem, ob man eine Burg schleift oder ein Messer: Burgen werden geschleift, Messer geschliffen. Als im Internet einmal eine Martina nach dem Unterschied fragte, antwortete ihr ein Helge: „Die Dielen hast du abgeschliffen, aber deinen Mann aus der Kneipe geschleift." Hätte der Kollege, der kürzlich von geschliffenen Kirchengemeinden schrieb, diesen Merksatz beachtet, hätte Leser Dr. W. nicht fragen müssen, ob daran möglicherweise Unteroffiziere beteiligt waren (siehe auch S. 141).

ACH UND WEH, DIE DRITTE: In der Unterzeile einer Berlin-Reportage hieß es: „Auf 5800 Kilometern Berliner Straßen fackelt fast jede Nacht ein Luxusschlitten ab." Die wichtigste Information fehlte hier: Wen fackelt dieser Luxusschlitten Nacht für Nacht ab?

PAUL FLEMING hat einmal bedichtet, „wie er wolle geküsset seyn", nämlich unter anderem „nicht zu wenig, nicht zu viel! / Beydes wird sonst Kinderspiel." In einem vergleichsweise kurzen Feuilletontext passierte nun genau beydes: Darin stand, zu Leser E.'s Missvergnügen, ein Genitiv zu wenig und ein Präfix zu viel. Der Genitiv fehlte da, wo es von einem Theatermann hieß, er habe sich „Nietzsches Zarathustra" angenommen (richtig: Zarathustras). Dafür aber wurde der simplifizierenden Exegese, die man Nietzsches Worten bei der Gelegenheit angedeihen ließ, ein gänzlich überflüssiges *ver-* vorgeschachtelt: „versimplifizierend". Herr E. diagnostiziert das als Hybridbildung aus simplifizieren und versimpeln.

KLEINE SCHNITZER irritieren oft mehr als große, etwa die Konstruktion „während und nach des Studiums", die Leser E. ins Auge und mehr noch in die Seele stach. Dabei wäre es ein

Leichtes gewesen, sich mit „während des Studiums und danach“ oder „während und nach dem Studium“ aus der Affäre zu ziehen.

DER GRÄUEL SCHRIEB SICH früher *Greuel* und noch früher *Grewel*, war aber immer ein eindeutig männlicher Begriff, was man nirgends klarer sieht als in Luthers wüster Schrift „Wider das Bapstum“, worin der Papst „der grewliche Grewel zu Rom“ genannt wird. Schwamm drüber! Im Feuilleton aber stand unlängst zu lesen, dass – es ging um die Causa Thielemann – dies und das für des Dirigenten Anhänger „ein nicht nachvollziehbares Gräuel“ sei. Das wiederum war Leser F. ein Gräuel, und zwar ein zwiefacher. Zum einen und Geringeren stieß er sich an der sächlichen Präsentation des Gräuels, zum anderen und in der Hauptsache war es ihm jedoch um „das üble Modewort“ *nachvollziehbar* zu tun, das „wohl wegen seines bombastischen Auftretens so ungerechtfertigt beliebt geworden ist“. Im übrigen, sagt Herr F. im Hinblick auf den eigentlichen Sinn des Wortes *nachvollziehen*, wollte Thielemanns Gemeinde doch nichts wiederholen, am wenigsten einen Gräuel.

„DABEI SOLLTE ES AUCH BLEIBEN“, schreibt Leser B., und er meint damit die altehrwürdige Regel, dass die Konjunktion „um – zu“ eine Absicht ausdrückt. Die Absicht Herrn B.s liegt auf der Hand. Er erinnert an die Regel, um Verstöße gegen sie verhindern zu helfen, und das Beispiel aus der SZ, mit dem er operiert, ist nicht von schlechten Eltern (im übertragenen Sinn, faktisch ist es von einem unserer Korrespondenten). Der Satz stammt aus einem Artikel über Andreas Hofer, und darin heißt es über den Tiroler Freiheitshelden, er habe die Franzosen und Bayern dreimal geschlagen, „nur um im vierten Gefecht schmählich unterzugehen“. Dazu merkt B. lakonisch an, dass Hofers drei Siege nicht davon beflügelt gewesen seien, in der vierten Schlacht eine schöne Niederlage einzufahren, sondern davon, Tirol wieder unter kaiserliche Obhut zu stellen. Bis hierher sind wir mit Herrn B. quasi im Gleichschritt gegangen, doch nun schlagen wir uns seitwärts in die Büsche – fast hätten wir gesagt: um uns nun seitwärts in die Büsche zu schlagen. In der Grammatik findet sich nämlich ein Paragraph, der den Sprachgebrauch genau widerspiegelt und folgendermaßen lautet: „Die Konjunktion *um – zu* wird final zur Kennzeichnung des Zweckes, der Absicht oder aber zur Kennzeichnung der Folge gebraucht.“ Diese konsekutive Verwendung illustriert die Grammatik mit dem ach so lebensnahen Satz: „Ich bin zu alt, um darauf noch zu hoffen“, der in klassischer Formulierung so aussähe: „Ich bin so alt, dass ich darauf nicht mehr hoffen kann.“ Konsekutivsätze dieses Schlages nennen, so die Erläuterung, „eine nicht wünschbare, notwendige oder mögliche Folge aus dem, was im Hauptsatz mitgeteilt ist“ – und was immer von der oben erwähnten Niederlage im vierten Gefecht zu halten ist, wünschbar war sie sicher nicht, jedenfalls nicht für den Sandwirt.

BEI MARTIN OPITZ heißt es einmal: „Kompt last vns außspatzieren / Zu hören durch den Wald / Die Vögel musiciren / Das Berg vnd Thal erschallt.“ Wenn nun jemand wissen wollte, was denn die Vögel da musizieren, würde die Antwort wahrscheinlich lauten: Nichts Bestimmtes, sie musizieren halt so vor sich hin. Frage und Antwort lassen den Schluss zu, dass *musizieren* ein Akkusativ-Objekt haben kann, aber besser nicht haben sollte. Als unser Musikkritiker unlängst wieder mal außspatzierte, hörte er Daniel Barenboim „zusammen mit dem jungen West Eastern Divan Orchestra Beethovens einzige Oper“ musizieren. Leser Dr. R. kommt das so kurios vor, als sagte er von sich, er fernsähe einen Tatort oder er frühstückte ein Ei. In diesem Sinn wollen wir den „Fidelio“ künftig aufführen und dabei so schön wie möglich musizieren.

DASS TRAUGOTT BUHRE unvergessen bleibt, ist sehr zu wünschen. Unser Feuilleton hat bereits damit begonnen, ihm diesen Raum der Unvergessenheit einzurichten, indem es Bernhards Theatermacher als seine „vielleicht unvergessenste" Rolle an die Wand heftete. Leser Dr. G., der Buhre als Theatermacher im Berliner Ensemble gesehen hat, kann das in der Sache bestätigen, meint jedoch, dass *unvergessen* auch schon genügt hätte. Recht hat er. Stünde es nicht in der Grammatik, dass Adjektive wie ledig, blutjung, unüberhörbar, kinderlos oder neunfach nicht gesteigert werden, wäre man versucht zu sagen, dass dies eins der ungeschriebensten Gesetze des Deutschen sei.

AUS ANLASS der Porsche-Querelen war in einem Kommentar von „Wiedekings zweifellosen Stärken" die Rede – für Leser Dr. Sch. eine zweifelsfreie Schwäche im Umgang mit Adverbien. In der Tat hält es die Grammatik für „nicht korrekt", Adverbien attributiv zu verwenden, und stützt das auch mit Beispielen wie „der aufe Laden" oder „der nicht lang genuge Rock". Als Ausnahme von dieser Regel gelten die mit *-weise* gebildeten Adverbien, weswegen man, ohne Anstoß zu erregen, von der „probeweisen Einführung" oder dem „schrittweisen Verzicht" reden und schreiben kann. Die von Dr. Sch. ebenfalls gerügte „unsägliche Bemerkung" (seiner Ansicht nach müsste es „unsäglich dumme Bemerkung" heißen) scheint indessen okay zu sein, jedenfalls führt der Duden „unsäglich" als Adjektiv, und schon im Grimm finden sich adjektivische Beispiele ohne Ende, darunter so ehrwürdige wie „der unsägelîche got". Apropos okay: Gelegentlich kann man Ausdrücke wie „ein ganz okayer Typ" hören, doch ist das umgangssprachlich und keine etabliert genuge Konstruktion, um in der Schriftsprache verwendet zu werden.

DIE CHRONIK DES KIRCHSPIELS STEINBEK vermerkt für das Jahr 1596: „Dem Pastoren wegen der Kirchen verehret

20 Rthlr." 413 Jahre später stand in der SZ, dass es beim „Marienhof" einen Führungswechsel gegeben habe, der der Soap auch gleich „einen neuen Chefautoren" beschert habe. Leser M. hat die Vorabendserie zwar noch nie gesehen, weiß dafür aber, dass der *Autor* den Regeln der starken Deklination unterliegt und folglich im Dativ und Akkusativ ohne *-en* bleibt. Schreibern, die da unsicher sind, rät er, sich in Zweifelsfällen folgenden Merksatz vorzusagen: „Ich muss heute dringend zum Doktoren."

GEWERKSCHAFTERN seien Leistungsprämien oft suspekt, „weil sie auf ihr Bauchgefühl bestehen, wonach so etwas nur zur Willkür führt". So kürzlich ein Kommentator, und Leser E. monierte unverzüglich, dass es „auf ihrem Bauchgefühl" heißen müsse. Das ist richtig, wobei im Grimm die schöne Unterscheidung zu finden ist, wonach *bestehen* den Dativ nach sich zieht, wenn die Sache, auf der jemand besteht, schon da ist, den Akkusativ hingegen, wenn die Sache erst erstrebt wird. Das Bauchgefühl darf als immer schon vorhanden gelten, und das nicht nur bei Gewerkschaftern.

MAST ODER MASTEN? Der Lokalteil berichtete über einen angesäuselten Jaguarfahrer, der einen Lichtmast rammte und dabei ein Halswirbelsäulentrauma erlitt. So traurig das ist, so schmerzlich war es für Leser E. zu beobachten, dass besagter Mast in zweifacher Gestalt auftrat: als Lichtmast und als Lichtmasten. Sachlich gibt es da wenig herumzureden. Der Mast schreibt sich, wie er dasteht, nämlich kerzengerade und ohne *-en* am Ende, und er tut das als Schiffsmast, als Fahnenmast sowie als Metapher für Jesus, wie bei Paul Gerhard zu lesen ist: „Du mein Anker, Mast und Ruder." Andererseits sei hier an Eides statt versichert, dass man bei uns zuhause auf dem Dorf nicht „der Mast" sagte, sondern „da Mastn", wahrscheinlich in klanglicher Anlehnung an den „Kastn". Sagte man hingegen „Astn“, meinte man nicht den Ast, sondern das nahe gelegene Dorf Asten.

WENN'S AUCH schon Wochen her ist: Daimler wurde, zum Vergnügen von Leser K., in den Rang eines „feindlichen Übernahmekandidaten“ erhoben und spielt damit in einer Liga mit dem vierstöckigen Hausbesitzer und dem zahmen Wildschweinbraten. Man gratuliert.

GÄBE ES FÜR ALLES ein genaues Gegenstück, könnte man das Innenministerium in Analogie zum Auswärtigen Amt auch Einwärtiges Amt nennen. So einfach geht es in der Welt der Wörter indessen nicht zu. Schon bei Grimm steht geschrieben, dass *einwärtig* zwar dem *auswärtig* gegenüberstehen solle, dass es aber ungebräuchlich sei. Ein Blick in die Wörterbücher lehrt, dass es eine Menge Adverbien gibt, die mit dem Suffix *-wärts* gebildet werden: *ab-, auf-, ein-, aus-, rück-, berg-, himmel-* oder *westwärts*. Die wenigsten von ihnen taugen nach dem Muster von *rückwärts/rückwärtig* zur Adjektivierung, und insofern marschierte unser Lokalteil, als er unlängst vom „stadteinwärtigen Verkehr“ schrieb, stramm fehlerwärts.

DER HIERORTS vermuteten Sammlung „Aua!“ schickte Leser Z. einen Reisebericht aus der SZ, in dem das Lob der sächsischen Weißweine mit folgenden durchaus beschwingten Worten gesungen wurde: „Manche Tröpfchen kommen so federleicht daher, als verleihten sie Flügel.“ Vermutlich geht es einem nach dem Genuss dieser Tröpfchen wie dem Dichter Eichendorff weiland in der berühmten Mondnacht: „Und meine Seele spannte / weit ihre Flügel aus, / flog durch die stillen Lande, / als fliegte sie nach Haus.“

ALS BEKANNT WURDE, dass Mitarbeiter der von der Commerzbank geschluckten Dresdner Bank die Möglichkeit bekommen sollen, entgangene Boni einzuklagen, wurde das in ziemlich allen Blätter, auch in diesem, unter dem Titel „Dresdner-Banker können klagen" gemeldet. Auf den ersten Blick ist daran nichts Auffälliges, doch weckt der Umstand, dass es auch die Überschrift „Dresdner: Banker wollen eigene Boni einklagen" gab, Unbehagen am Dresdner-Banker. So geschrieben, erinnert er an den Investment-Banker, nur dass er eben statt mit Investmentzertifikaten mit Dresdnern Handel triebe, ein krass menschenfeindliches Geschäft. Andererseits stellt auch der „Dresdner Banker" nicht zufrieden, weil darunter jeder in Dresden arbeitende Bankangestellte verstanden wird, egal ob er Boni einklagen darf oder nicht. Man müsste das anhand einer Firma wie „Heidelberger Leben" (Mustersatz: „Heidelberger Lebner bieten neuen Rundumschutz") einmal durch alle grammatischen Instanzen treiben.

SEIT ZWEI JAHREN beobachtet Leser B. allerorten, dass Wörter, denen dies nicht zusteht, im Plural ein „n" angehängt bekommen. Für die SZ belegt er das mit einem Zwischentitel, worin es hieß: „Seit aus dem Holz Tische statt Büchern gemacht werden." Es schien sich bei diesem Holz um genau den Stoff zu handeln, aus dem auch die Fehlern sind. – NACHTRAG: Der Holzweg ist eine vielbegangene Straße, und wiewohl es sich diese Kolumne zum Vorsatz genommen hat, ihn von Fall zu Fall auszuleuchten und vor ihm zu warnen, landet sie gelegentlich selbst darauf. Kürzlich ging es um den Halbsatz „Seit aus dem Holz Tische statt Büchern gemacht werden", an dem der vermeintlich falsche Dativ *Büchern* gerügt wurde. Wachsame Leser merkten dazu an, dass die Präposition *statt* zwar den Genitiv regiere, dass dieser Genitiv aber durch den Dativ zu ersetzen sei, falls er vom Nominativ nicht zu unterscheiden ist. Bei dem Wort *Buch* ist das so. Der Genitiv Plural hat die gleiche Form wie der Nominativ und der Akkusativ Plural, nämlich *Bücher*, weswegen „statt Büchern" korrekt war.

Hätte es sich freilich um dicke Bücher gehandelt, wäre der Genitiv in seine alten Rechte getreten: *statt dicker Bücher.* Wie man sieht, ist der Dativ nicht immer dem Genitiv sein Tod.

WAS IM TRIANGELSPIELER an Traurigem vorgeht, weiß man aus dem einschlägigen Lied Georg Kreislers. Ähnlich traurig kam es Leser S. vor, dass der/das Triangel bei uns kürzlich als *die Triangel* bezeichnet wurde, als wär's ein Gerät zum Fischefangen. Am traurigsten aber ist, dass man im Lateinunterricht nie erfuhr, was *triangulum* außer *Dreieck* noch heißt, nämlich *Gedrittschein.* Was das ist? Keine Ahnung, aber als Wort ist es saugut.

IM BAIRISCHEN gibt es einen alten Scherzvers, der mit diesem Ausruf beginnt: „Wann's nur grad rang, / dass da Dreeg sprang!" Auf Deutsch heißt das: „Wenn es nur regnete, dass der Dreck spränge", eine Art humoristischer Paraphrase zur starken Konjugation. In diesem Punkt treibt es – man muss es leider immer wieder sagen – das Verb *schleifen* besonders wild, weil es zweifach gebeugt werden kann: Messer werden geschliffen, Burgen hingegen geschleift. Insofern war das Feuilleton übel beraten, als es kürzlich anmerkte, dass „die gelernten Kategorien der Urheberschaft und damit auch der Autorität des Textes geschliffen" würden. Nicht wenige Leser nahmen daran wie an den rätselhaften „gelernten Kategorien" Anstoß. Ihnen allen sei mit einem bärenstarken Partizip Perfekt Passiv aus dem Weihnachts-Oratorium zugerufen: „Nun seid ihr wohl gerochen."

7

VOR JAHR UND TAG gab es bei uns in der Redaktion einen ganz lieben Kollegen, an dem nur ein Makel war: Er verband das Verb *befassen* mit der Präposition *über.* Diese Eigenheit führte dazu, dass, wenn er in der Konferenz die Themen seines Ressorts vortrug, jedermann mit Lust auf den letzten Punkt seiner Rede lauerte, der stets mit folgenden Worten begann: „Der Kommentar kommt vom Kollegen X. und befasst sich über ...“ Was hausintern nicht nur straflos durchgeht, sondern sogar zum Ritual werden kann, sollte nach außen hin unterbleiben, und weil dies so ist, sei an dieser Stelle dem Leser K. gedankt, der im Rahmen einer größeren Rüge den Finger auch auf falsch gesetzte Präpositionen gelegt hat. Bizarrerweise sind zwei dieser Fehler im Zusammenhang mit Horst Seehofer und Michael Glos passiert. Einmal hieß es, Seehofer stehe „unter Zugzwang für die Suche nach einem Nachfolger für Glos“, was in „bei der Suche“ hätte verwandelt werden müssen. Beim anderen Mal ging es zwar um ein Zitat, aber so heilig ist kein gesprochenes Wort, dass man's nicht unter der Hand verbessern dürfte. Das Zitat bezog sich auf Glos und lautete: „Er hat sich bei Seehofer gerächt für die ewigen Piesackereien.“ Hören wir dazu Herrn K.: „Will die Süddeutsche damit sagen, dass Herr Glos sich extra zu Herrn Seehofer begeben hat, um sich in dessen Anwesenheit an selbigem zu rächen?“

DA EINE KRÄHE der anderen ja kein Auge aushackt, beantworten wir Fragen wie die der Leserin G., ob die SZ-Autoren „von allen guten Geistern verlassen“ seien, oft sehr spontan mit: „Nein, natürlich nicht!“ Frau G. stieß sich an der Pluralbildung „Fötusse“, schrieb uns „der Fötus, die Föten!“ ins Stammbuch und riet uns, solche Fehler in Zukunft mit Hilfe des Korrekturprogramms zu vermeiden. Wenn das so leicht ginge! Das Korrekturprogramm denkt nicht daran, die *Fötusse* als Fehler anzuzeigen, geht in dieser Sache also konform mit dem Duden, der den Genitiv *Fötusses* ebenso wie den Plural *Fötusse* zulässt. Wenn aber Google den herrschenden Sprachgebrauch richtig abbildet, ist *Föten* der mehrheitlich anerkannte Plural, und daran wollen wir uns halten. Bei dem Plural *Feten* (vom Zwillingswort *Fetus*) fällt die Internetprobe noch überzeugender aus, was daran liegen mag, dass die

Suchmaschine in ihrer Gier auch alle Feten, vulgo Feste, zusammenscharrt.

ALS OB DIE KATASTROPHEN allein noch nicht genug wären! Wann immer etwas Furchtbares geschieht, kommt es auch zu dem Kollateralschaden, dass das Wort *gedenken* mit dem Dativ konstruiert wird, eine vergleichsweise läppische Sache, die trotzdem viele Leser gewaltig aufregt. „Köln gedenkt Opfern / des Archiv-Einsturzes", hieß eine zweizeilige Überschrift bei uns im Blatt, und das Argument, in der korrekten Version „der Opfer" hätte der Text nicht in die Zeitungsspalte gepasst, macht die Sache nicht besser. *Opfern* ist nun einmal kein Kurz-Genitiv, sondern eindeutig ein Dativ, und wenn es anders nicht geht, muss man eben „Köln ehrt Opfer" formulieren. Die Katholische Nachrichten-Agentur (KNA) titelte „Köln gedenkt Opfer usw.", was als Akkusativ aufgefasst wird, sich aber immerhin bei Goethe sichernd unterstellen kann, der angesichts von Schillers Totenkopf dichtete: „Die alte Zeit gedacht' ich, die ergraute." Für den Genitiv spricht außer dem Sprachgebrauch und der in diesem Fall sehr klaren Grammatikregel auch Walther von der Vogelweide, der dem Papst folgendes hinrieb: „Daz er dâ seit, des solt er niemer hân gedâht." Das heißt: „Was er da sagt, sollte er nicht einmal gedacht haben" und kann, wenn man so will, als aktuelles Wort zur Aids/Kondom-Affäre durchgehen.

7

SEIT ODER SEITDEM? Liebhaber der Sprache pflegen bei dieser Frage oft sehr rigoros Stellung zu beziehen, und zwar gegen die Gleichsetzung von *seitdem* mit *seit* als Konjunktion. Leser Dr. D. ist so ein Liebhaber, und darum war ihm folgender Satz ein Ärgernis: „Seitdem es also so ist, dass ein Unternehmen auch bei Überschuldung keineswegs zwingend pleite ist, und seitdem der Staat mit ungeheueren Finanzmitteln maroden Unternehmen zur Seite springt, seitdem ist die Selbstreinigungskraft des marktwirtschaftlichen Systems außer Funktion gesetzt.“ Dr. D. findet, dass die beiden ersten *seitdem* (die Konjunktionen) durch *seit* hätten ersetzt werden können, dass das dritte (das Adverb) überflüssig ist und dass überhaupt das „Blähwort seitdem“ unverdient Karriere gemacht habe. Wer dazu eine Grammatik befragt, kommt nicht weit, weil *seit* und *seitdem* darin meist paritätisch geführt werden, oft in der gleichsetzenden Version *seit(dem)*. Lassen wir also stattdessen die Dichter sprechen, stellvertretend für sie Friedrich Wilhelm Gotter, von dem folgende Zeilen überliefert sind: „Wie mir, seit ich Dich gefunden, / Lina, meine Zeit entschlüpft.“ Das stützt auf schönste Weise, was Adelung in seinem Grammatisch-kritischen Wörterbuch der Hochdeutschen Mundart schreibt: „Das *dem* wird von der höhern Schreibart oft mit Nachdruck weggelassen.“ Es lebe, auch in der hochdeutschen Mundart, die höhere Schreibart.

7

DER GENITIV sieht schwerer aus, als er ist: *das Glas, des Glases* – keine große Sache, oder? Trotzdem scheint es eine Scheu zu geben, dieses *-es* anzuhängen, und so kam es in Joachim Kaisers Aufsatz über Dietrich Fischer-Dieskau zu der ebenso pompösen wie falschen Überschrift „Geheimnis des Geheimnis'“. Leserin Dr. W. hat den überflüssigen Apostroph gebührend bewundert und später auch festgestellt, wo er fehlte: gegen Ende des Textes bei „Brahms ‚Deutschem Requiem‘“ bzw., um es genau zu sagen, weniger beim Requiem als bei Brahms, dessen Genitiv nicht Brahmses lautet, sondern Brahms'. Als sie vier Wochen später im Münchner Kulturteil las, dass man „einen Pfleger des kreativen Wildwuchs'“ brauche, schrieb sie „Wie wahr!“ drunter und schickte es an das Sprachlabor, die Zentralstelle für Geheimnisse und Wildwuchs aller Art.

MIT STAUNEN las Frau K., dass dem Land Niedersachsen jetzt mit Unterstützung der Kulturstiftung der Länder und einiger anderer Geldgeber bei einer Versteigerung von Christie's der Rückkauf „von drei sechsstelligen Silberpokalen“ gelungen sei. Doch was heißt da Staunen! Leserin K. war konsterniert über diese Art der „sprachverachtenden Verkürzung der veröffentlichten Rede“, zumal da sie schon im Radio unentwegt hatte hören müssen, dass die Lawinenlage in den Bayerischen Alpen „erheblich“ sei. Sie schloss ihren Protest mit den Worten: „Also das finde ich ziemlich!“

BRIEFE WIE DIESER kommen nicht jeden Tag: zwei Seiten dicht gefüllt mit Fehlern aus der SZ, endend mit dem deprimierenden Hinweis, dass sich das Gedachte im Geschriebenen widerspiegelt. Von dem, was Leser Sch. uns anzukreiden hat, lässt sich nicht alles hier bereden, aber dem Kern-, um nicht zu sagen Filetstück seiner Kritik sei doch kurz nachgegangen. Die Apposition ist, möchte man meinen, kein so schwerer Gegenstand, dass man an ihr scheitern müsste. „Schon stand im Nebelkleid die Eiche, / ein aufgetürmter Riese, da“: Die Eiche steht nicht nur im Nebelkleid, sondern auch im Nominativ, und genauso hält es der aufgetürmte Riese. Dessen ungeachtet fand Herr Sch. in einem Text über Joachim Kaisers Geburtstagsfest einige Inkonsequenzen, darunter beispielshalber die Mitteilung, was ein Geschäftsführer bei dieser Feier tat: Er kam „mit dem Geschenk des Verlags zur Tür herein – ein Fahrrad für den passionierten Radfahrer Kaiser“. Nun gibt es, wie im Duden zu lesen ist, zwar Abweichungen vom Gebot der Kasusgleichheit: „Das Wirken dieses Mannes, Vorkämpfer für die Rassengleichheit.“ Hier aber ist kein Grund zu erkennen, wieso der Kongruenz der Fälle nicht die ihr gebührende Ehre erwiesen wurde: „mit dem Geschenk, einem Fahrrad.“ Zugegebenermaßen können solche Schnitzer, wie ärgerlich sie sein mögen, auch zu erheblicher Heiterkeit führen. Der *Spiegel* steuerte dazu vor Jahr und Tag ein schönes Beispiel aus dem *Maintal Tagesanzeiger* bei: „Der Halter des Hundes, ein hellbrauner Husky-Rüde, hat sich mittlerweile bei der Autobahnpolizei gemeldet.“ Die Nachrichtenagentur AP schilderte einmal, mit welchem Trick der norwegische Abenteurer Børge Ousland zum Südpol gelangte: „Als einzigem Hilfsmittel bediente er sich eines Segels.“ Der Fall zeigt freilich auch die Krux allzu strikter Kongruenz. Schriebe man nämlich „Als (des) einzigen Hilfsmittels“, klänge das seltsam, weswegen man besser zur Schlichtheit seine Zuflucht genommen hätte: „Sein einziges Hilfsmittel war ein Segel.“ In einem anderen Artikel entdeckte Herr Schatte eine Konstruktion, die sehr gut zeigt, wie aus der textlichen eine begriffliche Unschärfe resultieren kann. Die Stelle lautet: „Walter Scott, der Burns als junger Mann in Edinburgh getroffen hatte.“ Wer nun, was ja vorkommen kann, nicht weiß, wann genau Scott und Burns gelebt haben, könnte auf den Gedanken verfallen, Burns sei bei jener Begegnung der junge Mann gewesen. Für ihn müsste es heißen: „der Burns als jungen Mann getroffen hatte.“ Da indessen Burns der Ältere war, hätte der Verfasser um der Klarheit willen besser so geschrieben: „Scott, der als junger Mann Burns getroffen hatte.“

WO ER RECHT hat, hat er recht, nämlich der Leser, in diesem Fall Herr v. R., der bei uns zwei neue Imperfekte aufspürte, und das noch dazu in einem einzigen Satz: „Der Streit schwelte an zum Stadtgetuschel, und am clubeigenen Schwimmbecken schwörten sich blonde Mütter usw.“ In der Tat könnte der Streit zunächst nur geschwelt alias gekokelt haben, doch um zum Stadtgetuschel zu werden, bedurfte er des Anschwellens, weshalb er nicht *anschwelte*, sondern *anschwoll*. Was immer nun die blonden Mütter im Sinn hatten, sie *schworen* es sich zu. Dann und wann trifft man zwar auf die Imperfektform *schwörte*, aber selbst Google belegt mit 154 000 zu 6360 Treffern für *schwor* respektive *schwörte*, dass die starken Verben kräftig genug sind, ihre Konjugation noch ein Weilchen weiterzutragen.

WIE SCHREIBT SICH DAS EIGENTLICH?

Passt der Name des Dichters Kroetz nicht mehr in die Zeile, wird er oft aufs grausamste getrennt: Kro-etz. Womit hat der Mann das verdient?

ZIEMLICH ZORNIG ist unser Leser K., weil in einer Polizeimeldung die *Schittgablers-traße* so getrennt wurde wie hier, also falsch. Herr K. vermutet dahinter eine Art Hörigkeit gegenüber der Orthografiereform, die das uralte st-Trennungsverbot aufgehoben hat. Tatsächlich handelt es sich um eine leider häufig unterlaufende Schlamperei, der man mittels einer Zwangstrennung – *Schittgabler-straße* – leicht beikommen könnte.

„DINGE GEHEN VOR im Mond, die das Kalb selbst nicht gewohnt“, heißt es in Christian Morgensterns Gedicht „Mondendinge“. Es gehen jedoch nicht nur im Mond seltsame Dinge vor sich, sondern auch in unserem Feuilleton, wo zur Bewertung von Helmut Dietls neuem Film auch „Dietls Albtraum“ herangezogen wurde. Das an sich wäre noch nicht seltsam, sprachlich jedenfalls nicht, doch wurde der Albtraum an der prominentesten Stelle der Kritik, in der Überschrift, nicht als „Dietls Albtraum“ präsentiert, sondern als „Dietl's Albtraum“, und damit war die Sache plötzlich in jenem Geisterreich, wo sich „Toni's Freilandeier“, das „Wiener Schnitz'l“ und die „Änderung'sschneiderei“ nächtens zum Tanz der Hexen treffen. Leserin W.-G. hat sich über den „Deppen-Apostroph“ sehr erbost, und wir können uns vor ihrem Zorn nicht einmal hinter der Rechtschreibreform verstecken. Die lässt den Apostroph vor dem Genitiv-s nämlich allenfalls dann zu, wenn damit eine Namensverwechslung vermieden wird (§ 97): *Andrea's Blumenecke* könnte ohne Apostroph als ein Mann namens *Andreas Blumenecke* verstanden werden. Eine Verwechslung mit dem Regisseur Dietls war in der Rezension jedoch nicht zu gewärtigen. – NACHTRAG: Die Kritik an „Dietl's Albtraum“ lief insofern ins Leere, als die Überschrift an Arno Schmidts Monumentalwerk „Zettel's Traum“ anspielte.

„SIE, LIEBER HERR U.“, schrieb Leserin A., „zahlen Einkommensteuer und nicht Einkommenssteuer.“ Weiß Gott, möchte man antworten, und nicht zu wenig, doch darauf kam es Frau A. überhaupt nicht an. Sie wollte vielmehr wieder einmal das allgemeine Interesse auf das Fugenzeichen alias -element richten, das dafür sorgt, dass zusammengesetzte Wörter geschmeidiger ausgesprochen werden können: *Zeitungsjunge* statt *Zeitungjunge*. Anders als sonst in der Grammatik üblich, gibt es dafür keine durchgängigen Regeln, was sich mit Beispielen wie *Himmelreich* vs. *Himmelsbahn* oder *Fleischsalat* vs. *Fleischeslust* locker belegen lässt. Frau A. wies fürsorglich darauf hin, dass alle Steuerarten ohne Fugen-s zu schreiben seien, eine Übereinkunft, an die sich die Kolleginnen und Kollegen von der Wirtschaft üblicherweise halten. Ohne der Gesetzlosigkeit Vorschub leisten zu wollen, sei indes dazu geraten, es im Alltag mit dieser engen Regelung weitherzig zu halten.

EIN KONZERTSAAL mitten in der Isar wird derzeit in München diskutiert. Unserem Bericht nach sieht das Gebäude auf dem Entwurf aus „wie ein Weinglas ohne Stil“, das man nach Ansicht einiger Leser vielleicht gleich mit dem füllen könnte, was 2011 schon fünfmal in unserem Blatt gereicht wurde: „Eis am Stil“.

MEINE HERRN! Bei diesem leicht verzweifelten Ausruf lässt man, möglicherweise der Komik halber, das den Herren zustehende Plural-*e* gern weg, und bei dem von Hans Albers und Heinz Rühmann gesungenen Lied „Jawohl, meine Herrn“ war die Auslassung dadurch bedingt, dass die „Herrn“ sich auf „gern“, „fern“ und „schwörn“ reimen mussten. Im Bayernteil waren solche Rücksichten jüngst fehl am Platz, und so ist denn auch Leserin B. zuzustimmen, wenn sie den Titel „Die bescheidenen Herrn Minister“ für verfehlt hält.

EIN SCHARFER ZWISCHENRUF kommt von Leser Sch., der den literarischen Namen *Törleß* in einem Bildtext als

Törless geschrieben sah und dazu anmerkt, dass die Rechtschreibreform über Eigennamen denn doch keine Gewalt habe. Das ist richtig. Trotzdem müssen wir die Kritik zurückweisen, da in dem Text von Volker Schlöndorffs Film die Rede war, und dessen Titel lautete nun mal „Der junge Törless“. Das Doppel-„s“ war entweder eine Art Echo auf das Doppel-„f“ im Namen *Schlöndorff*, oder aber es sollte dem Film jene weite Welt eröffnen, die mit Robert Musils „ß“ nichts anfangen kann.

UNWÜRDIG! Das ist ein Wort von apokalyptischer Bedrohlichkeit, und wenn es jemand wie Leser Dr. L. wider unser Blatt gebraucht, heißt es die Reißleine ziehen. Die Verwechslung von *das* und *dass* sei „eines Blatts mit dem Anspruch der SZ unwürdig“, schreibt er. In der Tat haben wir, was diesen Fehler betrifft, das Kerbholz voll schändlicher Kerben, und eine der markantesten ist dieser Satz aus einem Bildtext: „Dass mit dem Weihnachtsmarkt nachher, dass schaffe ich nicht!“ Die Weihnachtsmärkte sind vorbei, es besteht also Hoffnung, dass das *dass* das *das* fürs Erste in Frieden lässt.

GEWISSENSERFORSCHUNG ist ein mitunter deprimierendes Geschäft. Da freut es einen besonders, wenn man erfährt, dass auch andere Fehler machen, und am schönsten ist es, wenn es Lehrer sind, die ertappt werden. Im letzten *Labor* haben wir uns für einen recht großkalibrigen *das/dass*-Fehler selbst gegeißelt, was unseren Leser G. dazu bewog, uns ein Fundstück aus einer Grundschule im Würmtal zuzuspielen. Es handelt sich dabei um einen Benotungsbogen, worin einem Kind 11 Punkte attestiert wurden, also die Note 4. Darunter schrieb der Lehrer oder die Lehrerin: „Schade, dass kannst du besser! Arbeite bitte etwas genauer!“ Die Antwort des Kindes müsste so ähnlich ausfallen wie die des kleinen Moritz, als der Lehrer sagte, dass der Mensch vom Affen abstamme: „Sie vielleicht, Herr Lehrer!“ – Indessen holt uns der Ernst des Lebens wieder ein, denn

Leser H. hat im Programmhinweis auf den „Besuch der alten Dame“ einen Satz gelesen, der das *das/dass*-Problem auf seine Weise weiterschreibt: „Er lies sie einst schwanger sitzen.“ Man muss dazu sagen, dass es nicht unsere TV-Redaktion war, die das durchgehen ließ: Die Programme werden zugeliefert. Dass der Schnitzer dadurch nicht schöner wird, ist uns freilich klar.

DER DICHTER KROETZ hat es mit der Presse nicht leicht. „Das meiste, was über mich geschrieben wird, können Sie auf den Müll schmeißen“, sagte er unserem Reporter. Für die aus diesem Gespräch geborene Seite-3-Geschichte gilt das zwar nicht, wohl aber für die Trennung des Namens *Kroetz* in *Kro-etz*, die nicht nur Leser E. sauer aufgestoßen sein dürfte. Andererseits hat Franz Xaver Kroetz noch Glück gehabt, dass sein Name, der in dem Text ungefähr fünfzigmal vorkam, nicht öfter zur Trennung anstand.

ALLER HERREN LÄNDER haben, so unterschiedlich sie sonst sein mögen, eines gemeinsam: dass ihnen meistens das Dativ-*n* vorenthalten wird. Leser Dr. M. wurde schon vor einiger Zeit in dieser Sache vorstellig, Anlass war ein Artikel, in dem die Spieler vom FC Bayern als „Männer aus aller Herren Länder“ bezeichnet worden waren. Korrekterweise hätte es „aus aller Herren Ländern“ heißen müssen, da die Präposition *aus* den Dativ nach sich zieht, was bei leichter Umstellung der Phrase von jedermann befolgt würde: *aus Ländern aller Herren.* Der Duden von 1934 ist in dem Punkt noch streng und lässt nur *aus aller Herren Ländern* gelten. Mittlerweile wird diese Fassung allüberall als „veraltet“ geführt, als regulär gilt das eigentlich fehlerhafte *aus aller Herren Länder.* Und die Musi spielt dazu, will sagen, die Grammatik liefert das Rüstzeug. Die Dativendung, schreibt sie, könne bei Substantiven, die den Plural auf *-er* bilden, weggelassen werden, wenn sie von der regierenden Präposition durch einen Einschub getrennt werden. Freunde des Dativ-*n* müssen sich daran nicht halten. Wovor sie jedoch die Augen nicht verschließen sollten, ist die normative Kraft des faktischen Schlendrians: Die Google-Maschine spuckt 3 230 000 Treffer für *Länder* aus, doch nur 77 800 für *Ländern*. Vanitas vanitatum!

DER GLEITAAR gehört zu den Habichtartigen, ernährt sich von Kleinsäugern und steht auf der Roten Liste der gefährdeten Arten. Alles in allem hat er es also nicht leicht, weswegen wir uns bei ihm in aller Form dafür entschuldigen, dass er in einer Rezension in „Glei-taar“ getrennt wurde.

MIT EINEM HERZLICHEN „Nichts für ungut“ erinnert Leser V. daran, dass in der Prognose das griechische Wort *gnosis* stecke, woraus die Trennung Pro-gnose resultiere. Das von Herrn V. als fehlerhaft angesehene Prog-nose ist aber seit der Rechtschreibreform erlaubt (§ 112), was nicht heißt, dass die Trennung Pro-gnose nun verboten wäre. Also kein völlig verlorener Posten. (Da unser Redaktionssystem die Trennung Pro-gnose automatisch ausführt, scheint es sich bei der von Herrn V. gefundenen Prog-nose um eine von Hand eingegebene Zwangstrennung gehandelt zu haben.)

„DA ICH IHNEN nun schon schreibe“, schreibt Dr. B., und wenn ein Text so beginnt, weiß man, dass es dick kommen wird. In der Tat bringt Herr B. die Rede auf ein vergleichsweise neues, von einigen Kollegen aber mit Inbrunst gepflegtes stilistisches Gebaren, das darin besteht, den Nebensatz vom Hauptsatz durch einen Punkt statt durch das übliche, in den Regeln wohl auch vorgeschriebene Komma abzutrennen. Um ein Beispiel zu konstruieren: „Max gab Sepp eine Ohrfeige. Obwohl das nicht notwendig gewesen wäre.“ Das Sprachlabor tappt bei diesem Phänomen im Dunkeln, weil es ja Fälle gibt, in denen es um der dramatischen Wirkung willen sinnvoll ist, gewissermaßen staccato zu schreiben: „Max gab Sepp eine Ohrfeige. Weil es anders nicht mehr ging. Weil das Fass am Überlaufen war. Weil alles einmal ein Ende haben muss.“ Wir sind die Liste der rhetorischen Figuren rauf und runter durchgegangen, haben aber nichts gefunden, was auf dieses Phänomen passt. Weiß jemand weiter?

DER HEILIGE LUKAS unterscheidet sich vom Schwarzen Brett oder vom Weißen Sonntag nicht nur in seinem Wesen, sondern auch darin, dass er mit dem ihn begleitenden Adjektiv keinen „idiomatisierten Gesamtbegriff“ bildet. Täte er das, schriebe er sich „der Heilige Lukas“ statt „der heilige Lukas“, und Leser H. hätte die falsche Großschreibung im Feuilleton nicht monieren müssen. Davon unabhängig gibt es eine Menge Institutionen, Personen und Sachen, bei denen das Attribut heilig großgeschrieben wird: der Heilige Abend, der Heilige Gral, der Heilige Stuhl oder der Heilige Vater, und man könnte sich als schlampige Faustregel merken, dass real Heiliges klein- und zweifelhaft Heiliges großgeschrieben wird. Irritierend ist dabei lediglich, dass man sowohl „der Heilige“ als auch „der heilige Krieg“ schreiben kann: Ist der nun echt heilig, oder tut er nur so?

DER „DEPPENAPOSTROPH“ hat es in der von Laien betriebenen Sprachkritik zu so penetranter Dominanz gebracht, dass man fast nichts mehr über ihn schreiben mag – soll die Uschi ihren Friseurladen doch „Uschi’s Haarem“ nennen. Nun aber hat Leserin N. in unserer Online-Ausgabe eine Apostrophenkostbarkeit von ganz eigener Art entdeckt, nämlich den Zwischentitel „Des Gauls’ Gesichtsausdruck“. Mit Süffisanz zieht sie aus dieser Form den Schluss, dass das Tier im Nominativ der Gauls heißen müsse, und wo sie recht hat, hat sie recht. Die folgende leise Rüge können wir ihr trotzdem nicht ersparen: Einem geschenkten Gauls schaut man nicht ins Mauls!

EIN ECHO zur letzten Kolumne, in der es unter anderem um den Apostroph gegangen war, kommt von W., dem Freund und Kupferstecher. Aus aktuellem Anlass erinnert er daran, dass man weder *o'zapft* noch *g'suffa* schreibt, weil eine Auslassung, wie sie der Apostroph anzeigt, hier wie dort nicht stattgefunden hat. Die Wörter *ogezapft* und *gesuffa* gibt es im Bairischen nicht, weswegen wir, auch übers Oktoberfest hinaus, bei *ozapft* und *gsuffa* bleiben sollten (mehr auf S. 77).

„VOM FESTEN niederbayerischen Boden aus" schreibt uns Frau K., dass die Todesstrafe für Karl-Theodor zu Guttenberg unangebracht sei. Anlass dafür war ein Passus in der SZ, wonach „die Union schlecht beraten wäre, den Minister hängen zu lassen". Gemeint war natürlich, dass ihn die Union wegen seines Agierens in der Opel-Sache nicht im Stich lassen oder gar aufgeben solle, das *hängen lassen* war also, wie man so sagt, im übertragenen Sinne gebraucht worden. Die Rechtschreibreform ist in dieser Sache so verblieben, dass Verbindungen aus zwei Verben getrennt geschrieben werden, dass sie jedoch, wenn *bleiben* und *lassen* mit von der Partie sind, bei übertragener Bedeutung auch zusammengeschrieben werden können. Der Duden empfiehlt die Getrenntschreibung. Dem schließt sich die *Süddeutsche* an, ohne deswegen gleich dem Herrn zu Guttenberg an den Kragen zu wollen.

DASS DIE STADT LEIPZIG das Markenrecht auf den Satz „Wir sind das Volk" erhält, ist in Ordnung. Nicht in Ordnung war hingegen die bei uns vertretene Ansicht, das sei ein „Satz mit zwei Subjekten". Unser Leser Th. hat getan, was die Kollegin unterlassen hatte, nämlich die klassische Frage nach dem Subjekt gestellt: „Wer oder was ist das Volk?" Antwort: „Wir." Die weiterführende Frage „Was sind wir?" ist mit „das Volk" zu beantworten, doch ist dies, selbst wenn es im Nominativ steht, kein weiteres Subjekt, freilich auch kein Objekt. Es handelt sich – Tusch für die gute alte Grammatik! – um ein Gebilde namens Gleichsetzungsergänzung oder Prädikativ, das sich vom Subjekt auch darin unterscheidet, dass es auf Person und Zahl des Prädikats keinen Einfluss hat. Man kann also nicht sagen: „Wir ist das Volk."

AN ALLEN STAMMTISCHEN kann man's hören, und bei uns klang es, zur Überschrift verdichtet, folgendermaßen: „Das Volk spart, die Volksvertreter nicht." Leser R. sträubten sich dabei „die Nackenhaare", freilich nicht wegen der Sache an sich, sondern vielmehr deswegen, weil den Volksvertretern kein eigenes Prädikat zugebilligt worden war: „Die Volksvertreter sparen nicht." So innig wir mit Herrn R. fühlen, so klar raten wir ihm, die Nackenhaare wieder anzulegen. Es handelt sich bei dieser Konstruktion um die Stilfigur des Zeugmas, bei dem ein Satzglied (hier das Prädikat *spart*) auf zwei nach ihrem Numerus inkongruente Satzteile (*Volk* und *Volksvertreter*) bezogen wird, obwohl es nur zu einem passt. Hier ein Superzeugma, dem Goethe'schen Gedicht „An Schwager Kronos" entnommen: „Entzahnte Kiefer schnattern / und das schlotternde Gebein."

DAS PROBLEM, dass Sätze aufgrund kapriziöser Wortstellung missverständlich werden, hat uns schon oft beschäftigt. Nun hat Leser Dr. W. zwei Artikel des Sportteils etwas genauer gelesen und darin „stilistische Ambitionen" bemerkt, die seiner Ansicht nach besser unterdrückt worden wären. Es ging dabei einmal ums Boxen, das andere Mal um Tennis. Hier der erste Beleg: „Die Boxer dahinter haben die Klitschkos bereits besiegt oder sind weitgehend unbekannt." Dem Sinn nach war es zwar klar, dass die Klitschkos die anderen Boxer besiegt hatten, aber durch den Nachsatz „oder sind weitgehend unbekannt" wurden die Unterlegenen letztlich doch noch zu Siegern, jedenfalls zum Satzsubjekt. Beleg zwei lautet so: „Diese

Nummer eins scheuchte Djokovic über den Platz, dieser Nummer eins zeigte Djokovic, wie eine Vorhandpeitsche wirklich knallen kann, diese Nummer eins brachte Djokovic zur Verzweiflung." Dr. W. gewann dabei den „Eindruck des stilistischen Avantgardismus"; er findet, dass man das Opfer, also die Nummer eins (Nadal) nur an dem Dativ „dieser" erkennen könne. Das ist richtig. Nichtsdestoweniger sei der unorthodoxe Satzbau verteidigt, weil er durch die Dramatik des Ereignisses gedeckt ist. Der Kollege verwendete die rhetorische Figur der Inversion, zu der auch der Dichter dann und wann greift: „Dich sah ich, und die milde Freude/ floss von dem süßen Blick auf mich." Es gibt übrigens Sprachen, in denen die Stellung Objekt/Verb/Subjekt der Normalfall ist. Auf Hixkaryana zum Beispiel heißt der Satz „Der Jaguar griff den Mann" so: *toto yahosi-ye kamara*, wörtlich: *Mann greifen Jaguar.* In unserem Fall wären die Klitschkos und Djokovic also die Jaguare, letzterer sogar bewaffnet mit einer Vorhandpeitsche.

8

BETROFFEN ZU SEIN, ist ehrenvoll, aber man sollte darüber nicht die Beherrschung verlieren, schon gar nicht die Beherrschung der syntaktischen Gesetze. Von einer Rechtsmedizinerin hieß es, dass sie folgende Bilder nicht vergessen könne: „Das Mädchen, das seine Stiefmutter jahrelang gequält hat – zu Tode gequält. Das sie noch in der Klinik untersuchte, schon tot. Und das dann auf dem Obduktionstisch lag, noch einmal." Die Tragik hinter all dem kann man, wie Leser K., erst im zweiten Anlauf erahnen. Im ersten fragt man sich entsetzt, warum das Mädchen seine Stiefmutter zu Tode quälte, wie eine rätselhafte „sie", obwohl schon tot, dieses Mädchen noch untersuchen konnte und warum das Mädchen dann noch einmal auf dem Obduktionstisch lag. Zur Pathologie gehört nicht nur ein kühler Raum, sondern auch ein dito Kopf. – NACHTRAG I: Wasser predigen und Wein trinken, das mögen wir! Mit Recht haben einige Leser dem Laboranten seinen Satz „Betroffen zu sein, ist ehrenvoll“ um die Ohren gehauen, und zwar wegen des Kommas. *Betroffen zu sein* stellt nämlich keinen durch Komma abzutrennenden Nebensatz dar, es ist vielmehr das Subjekt des Satzes, ein Subjektsinfinitiv, wie wir ihn in „Errare humanum est“ (Irren ist menschlich) musterhaft vorgebildet sehen. Durch die Schulfrage „Wer oder was ist ehrenvoll?“ wäre das leicht zu eruieren gewesen. Beschämt in sich zu gehen ist nun Sache des Kolumnisten. – NACHTRAG II: Daraufhin haben sich andere Leser zum Komma und damit zum Kolumnisten bekannt. Lassen wir's so stehen.

DIE KOLLEGEN VOM MAGAZIN sind zwar anders als wir vom sogenannten Hauptblatt, aber so verrucht, wie Leser v. C. vermutet, sind sie nun auch wieder nicht. Corpus Delicti ist folgender Satz: „Alter, in dem der Sultan von Oman seinen Vater vom Thron putschte und ihn bestieg, in Jahren: 29.“ Es handelte sich dabei um eine Werbung der Zeitschrift *brand eins*, und bevor nun auch noch eine Fatwa oder so etwas an sie, das Magazin oder gar uns ergeht, stellen wir richtig, dass der Sultan von Oman damals ausschließlich den Thron bestieg. Sein Vater benahm sich, wie man vielleicht erwähnen sollte, bei Gelegenheit dieses Herrschaftswechsels heldenhaft. Er schoss sich beim Nachladen seiner Pistole selbst in den Fuß, dankte ab und ging ins Exil nach London.

ZUZUSTIMMEN ist Leserin M., die an der Formulierung „Sterbend ließen die Täter das Opfer zurück“ Anstoß nimmt, und zwar aus sprachlichen ebenso wie aus, nun ja, humanitären Gründen. Dessen ungeachtet sei angemerkt, dass die Formulierung eine Leistung der Nachrichtenagentur dpa war, die man freilich so hätte redigieren sollen, dass klar geworden wäre, wer da starb und wer nicht. Der Vollständigkeit halber wollen wir auch an den König in Thule erinnern, „dem sterbend seine Buhle einen goldnen Becher gab“. Hier steht das fatale Wort zwischen König und Buhle, doch ergibt sich aus Goethes bekannter Ballade, dass es die Buhle war, die aus dem Leben scheiden musste. Der König aber hatte mit dem Becher noch ein paar gute Jahre.

SCHON ALS VW zum Jubiläum den Werbeslogan „60 Jahre Wertigkeit" ausgab, fragten sich viele, was das eigentlich sei, die Wertigkeit. Noch komplizierter scheint es zu werden, wenn die Satzwertigkeit ihr Haupt erhebt. Dabei ist vergleichsweise leicht zu erklären, wofür satzwertig steht: für Wortgruppen im Satz, die formal keine Sätze sind, weil ihnen das finite Verb fehlt, die aber leicht zu Nebensätzen umgebaut werden können. Beispiel: Vom Phänomen der Satzwertigkeit geblendet, nahm Balduin Reißaus (Da er vom Phänomen der Satzwertigkeit geblendet wurde, nahm Balduin Reißaus). Für satzwertige Partizipialgruppen gilt, dass ihr unausgedrücktes Subjekt – im Beispiel: er – mit dem Subjekt des übergeordneten Satzes – Balduin – identisch ist. Fehlt diese Identität, kommt es zu Qualkonstruktionen wie dieser, die hier gekürzt wiedergegeben sei: „Ausgekühlt von einer Winterwanderung, dauert es geraume Zeit, bis die heiße Suppe von innen heraus wärmen kann." Wer ist da ausgekühlt: es, die Zeit, die Suppe? Leser K. hat sich daran abgearbeitet, und er war danach so erhitzt, dass er den Rat gab, heiße Suppen generell nicht auf Winterwanderungen zu schicken. Darin mit ihm einer Meinung, kann dieses Kapitel für heute abgeschlossen werden.

AUF DEN SCHNEE sollte man im Winter wieder ein wachsames Auge haben. Er muss, wie es in einer Service-Meldung hieß, „möglichst gründlich von Motorhaube und Dach gefegt werden, um sich und andere nicht zu gefährden". Leser B. scheint sich das zu Herzen nehmen zu wollen, hätte aber vorher gerne gewusst, auf welche Weise der Schnee sich selbst zu gefährden pflegt.

DAS APPOSITIVE SYNTAGMA hat an Festigkeit gewaltig verloren, es kriegt, um es mal so zu sagen, Wind von vorne, und der Ort, von wannen dieser bläst, trägt den Namen Unsicherheit im Kasusgebrauch. Die Leser machen uns immer wieder auf diese Unsicherheit aufmerksam, und wenn sie dabei in aller Regel auch den Begriff Appositives Syntagma vermeiden, so wissen sie doch sehr gut, wovon sie reden: von der Unsitte, einer Apposition nicht den Kasus zu gönnen, den deren Beziehungswort, der Antezedens, hat und nach allgemeinem Dafürhalten verpflichtend vorgibt. Ein Beispiel für viele: „Heimatstadt des Palio di Siena, einem Pferderennen." Dazu Leser M. so deutlich wie höflich: „Eines Pferderennens, bitte." Wenn wir im Folgenden, gestützt auf Heinz Vaters Studie „Kasus in Appositionen", diese Unsicherheit im Kasusgebrauch genauer ansehen, dann nicht um von der eigenen Fehlbarkeit abzulenken, sondern um zu zeigen, wie sich die Sprachgewohnheiten ändern – und wir uns in ihnen. Vater zufolge gilt die Kongruenzregel zwar noch, doch drängt sich vielfach der Nominativ als Ersatzkasus vor, ein Einspringertum, das ihm durch seine „Neutralität" als Nennform erleichtert wird. So hätte es, um bei unserem Beispiel zu bleiben, auch heißen können, Siena sei die „Heimatstadt des Palio di Siena, ein Pferderennen". Das wäre leichter hingenommen worden als der Dativ, weil man es insgeheim zu einer vom Kasus her korrekten Parenthese hätte ausbauen können: „Heimat des Palio – das ist ein Pferderennen von ganz eigener Art – und der heiligen Katharina etcetera." Wie es aussieht, ist aber der Dativ der Appositionskasus schlechthin. Fälle wie „am Ufer des Jangtse, Chinas längstem Fluss" sind Legion, und wenn Heinz Vater mit seiner Analyse recht hat, kommt das daher, „dass im heutigen Deutsch der Genitiv sehr oft durch *von + Dativ* ersetzt wird", was den Dativ peu à peu zum „Genitiv des kleinen Mannes" werden ließe. Dazu passt, dass auch der entgegengesetzte Missgriff häufig passiert: „Die letzte Oper von W. A. Mozart, des göttlichen

8

Meisters usw." Wo diese auch beim Gebrauch der Präpositionen bemerkbare Erosion des Kasussystems hinführt? Genaues weiß man nicht, aber am Ende der Entwicklung könnten „englische Verhältnisse" stehen, eine Wandlung des Deutschen vom synthetischen zum analytischen Sprachtyp. Bis dahin sollten wir die Fahne der Apposition, unserem heutigen Sorgenkind, wenigstens kasusmäßig hochhalten.

BEI EINEM ZITAT, und mag ihn dessen Formulierung noch so stören, hat der Berichterstatter sein Sprachgefühl zu zügeln. Wenn also, wie unlängst geschehen, Horst Seehofer zu Angela Merkel sagt, die CSU werde alles tun, „damit du Kanzlerin bleibst", hat er das eins zu eins zu referieren – ist ja möglicherweise ein Bröselchen Zeitgeschichte. Setzt er dieses Zitat aber in die indirekte Rede, wächst ihm die Freiheit zu, das Wort des Vorsitzenden zurechtzukneten. Bei uns wurde der Passus so wiedergegeben: „Die CSU werde alles tun, damit sie Kanzlerin bleibe." Dass mit „sie" Frau Merkel gemeint ist und nicht die CSU: geschenkt. Unser Leser B. stößt sich an etwas ganz anderem. Seiner Ansicht nach müsste die CSU „alles dazu tun, dass sie Kanzlerin bleibt", und wenn man dem nachhorcht, scheint es tatsächlich nicht gehupft wie gesprungen zu sein. Der Unterschied ist nicht ganz leicht zu fassen, weswegen wir das Folgende auch nur als „Spurensuche" anzubieten gedenken. Die Variante „alles tun, damit" lässt die Deutung zu, dass die CSU im Interesse der Merkelschen Kanzlerschaft zu allem Möglichen bereit ist, also außer zu Loyalität auch zum Beten, Wurstschnappen oder Kanonsingen. Bei der Variante „alles dazu tun, dass" beschreibt der Nebensatz hingegen weniger das Streben der CSU als vielmehr dessen Ergebnis. Haarspalterei? Schon möglich. Ein konspirativer Mitarbeiter dieser Kolumne hat aber gerade in Javier Marias' Roman „Alle Seelen" folgenden Satz gefunden: „Schon seit mehr als einem Jahrhundert erzieht man sie (gemeint ist: die Kinder) nicht mehr, damit sie sich in Erwachsene verwandeln." Für ihn unterliegt es keinem Zweifel, dass es „nicht mehr dazu, dass" heißen muss, und das hat er auch dem Verlag so geschrieben.

FÜR DEN ZWECK hat sich der Sprachgott den Finalsatz ausgedacht, und dieser wird mit *damit*, *auf dass* oder *um zu* gebildet: Der Bauer sät, damit er erntet, auf dass er erntet, um zu ernten. Mit dieser Regel in Kopf und Herz hat Leser Dr. B. die Laudatio zum Achtzigsten von George Steiner gelesen und sich dabei gefragt, ob es korrekt ist zu schreiben, Steiner sei 1950 von den USA nach Oxford gegangen, „um danach sein Leben auf beiden Kontinenten zu verbringen": Das Leben auf beiden Kontinenten habe sich daraus ergeben, sei aber nicht der Zweck des Umzugs gewesen. Herr B. zitiert in dem Zusammenhang das Schulbeispiel für den falschen Gebrauch der finalen Konjunktion um zu: „Er ging auf die Straße, um überfahren zu werden." Wie alle Schulbeispiele, ist auch dieses überaus schlagend, doch wenn man dem Schlag ausweicht, findet man für die oben zitierte Verwendung von *um zu* schon noch eine Art von Rechtfertigung. Formal mag sie zwar falsch sein, aber verstanden wird sie in einem konsekutiven Sinn: Steiner ging nach Oxford, mit der Folge, dass er fortan auf zwei Kontinenten lebte.

SCHULBEISPIEL ZWEI lautet: „Das Geld, wo auf der Bank liegt." In der Duden-Grammatik steht es an der Stelle, wo die Relativpartikel *wo* erläutert wird, und wir zitieren es, weil Leser H. uns für die Konstruktion „in einem Haushalt, wo" gerüffelt hat. Der Duden erlaubt dieses *wo*, sofern es sich auf ein Substantiv bezieht, das den Ort respektive die Zeit bezeichnet – und dass ein Haushalt Ort und Zeit in einem ist, scheint uns augenfällig zu sein. Schön freilich war unsere Version nicht, da ist Herrn H. nicht zu widersprechen.

DIE SCHWEINEGRIPPE greift um sich. Leser R. fand in einem Sammelbericht über die Seuche die Mitteilung, eine Frau sei unter Quarantäne gestellt worden, „nachdem sie mit nur leichten Symptomen zu ihrem Hausarzt ging". Nachdem Herr R. das gelesen hatte, kam er zu der Überzeugung, dass es „ein sprachlicher Tritt in den Unterleib" sei. Über diese Formulierung kann man sicher streiten, aber in der Sache hat der Mann recht.

DER SCHMIERFINK zählt nur insofern zu den gefährdeten Arten, als er oft und hart angegriffen wird. Vom Aussterben ist er trotzdem nicht bedroht, sehr zum Ärger von Leser L., der in der ewigen Causa *dieses* vs. *diesen* Jahres eine schwere Attacke ritt und im Hinblick auf den Kollegen, der „seit Anfang diesen Jahres" geschrieben hatte, die Frage aufwarf, ob „besagter Schmierfink bedarfsweise auch ‚der Bewohner diesen Hauses' oder ‚der Fahrer diesen Autos'" sagen beziehungsweise schmieren würde. Weniger griffig im Ton, aber ebenso klar in der Sache schrieb Leser M., der über den Passus „im Mai diesen Jahres" gestolpert war. So die Ausgangslage, und diese Kolumne wird sich hüten, nicht anzuerkennen, was an allen Ecken und Enden, in allen Grammatiken, Foren und Sprachglossen geradezu kategorisch verkündet wird, nämlich dass das Demonstrativpronomen *dieser* stark dekliniert wird, also im Genitiv Singular des Maskulinums und Neutrums *dieses* lauten muss: dieses Kindes, dieses Baumes, dieses Jahres. Dabei könnte man's bewenden lassen, wäre da nicht ein vages Gefühl, dass es ganz so einfach auch wieder nicht ist – ein Gefühl, das zugegebenermaßen primär davon lebt, dass der Schreiber dieser Kolumne mit *diesen Jahres* bisher gut hat leben können. Das allein wäre noch kein Grund, einem Fehler das Wort zu reden, und ebenso wenig wird etwas Falsches richtig, wenn viele es tun. Eine kleine Statistik für den Zeitraum vom 20. Juni 2011 bis zum 20. Juni 2012 ergibt Folgendes: in der *Süddeutschen Zei-*

tung 1724 Treffer für *dieses Jahres* und 232 für *diesen Jahres*, in allen sogenannten Leitmedien 10 405 Fälle von *dieses Jahres* gegen 706 von *diesen Jahres*. Wir von der *Süddeutschen* neigen somit stärker als die Kollegen anderer Blätter zur unzulässigen schwachen Beugung, aus welchen Gründen auch immer. Der Grammatiker Bruno Strecker hat auf der Basis ungleich größerer Korpora die Feststellung getroffen, dass die vermeintliche Normabweichung nur in Verbindung mit bestimmten Nomina auftaucht, da freilich bemerkenswert häufig, und dass es für das Paar *dieses/diesen Jahres* in etwa eine Gleichverteilung gibt. Strecker verweist auf den inhaltlichen Zusammenhang in Ketten wie *letzten, diesen, kommenden Jahres* respektive *vergangenen, diesen, nächsten Jahres* und deutet an, dass das der Grund für die regelwidrige Flexion sein könnte. In dem Fall wäre *diesen* Jahres eine Art Synonym für *laufenden* oder *gegenwärtigen* Jahres. Mit welchem Recht, schließt Strecker, sollte der formale Zusammenhang, den die Grammatiker sehen, Vorrang haben vor dem eher sachlichen Zusammenhang, „den Sprachteilhaber sehen, die diesen verwenden, wo jene dieses erwarten“? Hier noch ein Fund aus Peter Eisenbergs „Grundriß der deutschen Grammatik“. Eisenberg registriert alternative Deklinationsformen, „wo statt *dieses* auch *diesen* auftritt“, und er fährt fort: „Die Pronomina gleichen sich hier teilweise den Adjektiven an, die den Gen Sg auf *en* bilden.“ An diesem Punkt ist zu konstatieren, dass sich auch das Labor den Leserzuschriften angleicht: je gröber diese, desto länger jenes.

KNAPP DANEBEN IST AUCH DANEBEN

Im Folgenden geht es um Fragen wie die, ob Qualität von Qual kommt und was passiert, wenn sich der Ärger seinen Bann bricht.

MANCHMAL GELÜSTET ES die Leser, etwas aus dem Zusammenhang zu reißen. Herr B. sandte dies ein: „Nach einem zunächst friedlichen Protestmarsch […] zündeten einige Demonstranten zwei Polizeiautos an. Dann geriet die Situation außer Kontrolle." Zugegebenermaßen hört sich das ziemlich schräg an, doch wenn man beim Weiterlesen erfährt, dass kurz danach Tausende randalierten und fünf Menschen zu Tode kamen, muss man dem Kollegen attestieren, dass er die Dramaturgie der Ereignisse korrekt beschrieben hat.

KNAPP DANEBEN ist auch daneben, dachte sich Leser F. bei diesem Satz: „Nach langer Pause treten die fünf ostdeutschen Ministerpräsidenten häufiger zusammen aus." Vielleicht wäre es um den Föderalismus besser bestellt, wenn sich die westdeutschen Ministerpräsidenten dem anschlössen.

„MIT SCHRECKEN" las Herr T. in der ansonsten eher ungefährlichen *Leute*-Spalte, dass die Schauspielerin Franka Potente „zum Teil" in Los Angeles wohne. Das war im August, und man kann nur hoffen, dass die anderen Teile mittlerweile nachgezogen sind.

MIT SORGE hingegen las Herr H. – und nicht nur er – in unserem Blatt, dass Georg Baselitz „seine Motive auf dem Kopf stehend malt". Eine Nachfrage in Baselitz' Atelier ergab, dass der Künstler dabei sehr wohl auf seinen Füßen steht, und zwar mit beiden Beinen.

„AUF ERDEN SCHREITET SO KEIN MANN", sagt Jedermann, und er meint damit den Tod. Es gibt aber noch einen Mann, der wie kein anderer schreitet. Das ist der bayerische Beamte, dessen Status sich auf die Haupt-Landespragmatik über die gesetzlichen Verhältnisse der Staatsdiener, ihrer Witwen und Waisen aus dem Jahr 1805 gründet. Von den bayerischen Beamten heißt es seither, sie seien die besten der Welt. Das ist ihnen derart in Fleisch und Blut übergegangen, dass es sich auch in ihrer Fortbewegung manifestiert. Wenn sich Leser Z. darüber wundert, dass sie in München „gemessenen Schrittes“ durch die Brienner Straße „eilen“, so wundert er sich grundlos. Es ist dies ihre Art zu zeigen, dass sie ihre Pflichten unverzüglich erfüllen und trotzdem den Staat in gemessener Würde repräsentieren. Darum grüßt man sie auch nicht, wie der Dicke Vetter den Jedermann, mit „Potz Maus“, sondern mit „Habe die Ehre“.

CHOPIN AUF MALLORCA, das war eine traurige Geschichte. Dennoch amüsierte sich Leser V. über das Tempo, das der Komponist und George Sand vorgelegt haben mussten, als sie dorthin fuhren. „Es war der 15. November 1838, als Frédéric Chopin, die Schriftstellerin George Sand und deren Kinder Paris verließen und in Mallorca eintrafen.“ So stand es bei uns zu lesen, und für Herrn V. heißt das nichts anderes, als dass die Gruppe den Flieger nahm. Bei einem Zwischenstopp in Barcelona dauert das nur sechs bis sieben Stunden.

DER WÜRZBURGER DOM läuft offenbar völlig aus dem Ruder. Wie anders wäre sonst zu erklären, dass er nun „auf Vordermann gebracht“ werden muss. Als Leser F. das in unserem Blatt erfuhr, sah sein inneres Auge die deutschen Dome ins Stadion einlaufen, vorneweg den Kölner Dom, dahinter den Passauer, den Hildesheimer, den Speyerer, den Naumburger und wie sie sonst noch heißen, alle in schönster Ordnung, nur der Würzburger Kiliansdom schert mal hierhin aus, mal dorthin, macht Faxen und hält das Tempo nicht. Damit ist es nun vorbei, sagt der Trainer, bis zum Advent spurt er wieder.

AUS DEM RUDER scheint auch der republikanische US-Präsidentschaftskandidat Herman Cain zu laufen, dem bei uns zur

Verwunderung von Leser E. ein „meteorhafter Aufstieg“ attestiert wurde. Nach allem, was man von Meteoren, Meteoriten und Meteoroiden hört, sind sie von Kopf bis Fuß auf Absturz eingestellt, wobei sie wegen der Luftreibung oft schon in großer Höhe unter Hinterlassung einer Leuchtspur verdampfen und als Sternschnuppen in Erinnerung bleiben. Um das zu leisten, müsste Herman Cain erst einmal hoch hinauf, und zwar nach Möglichkeit kometengleich.

SICHTLICH SCHOCKIERT davon, dass Eltern heutzutage immer jünger werden, strich Leserin Sch. diesen Satz an: „Heute berät sie“ – gemeint war eine Sozialpädagogin, die ebenfalls sehr früh Mutter geworden war – „in einer Beratungsstelle für Eltern von null bis drei Jahren mitunter junge Frauen, die dieses Schicksal mit ihr teilen.“

DIE MITTEILUNG, wonach im Jugendsender des ZDF auch Bands wie *Warpaint* „stattfinden“, erinnerte Leser Z. an die Antwort, die ein Straubinger Bürgermeister einst auf die Frage nach der Prostitution in seiner Stadt gegeben haben soll: „Eine solche findet hier nicht statt.“ In der Tat finden nach landläufiger Übereinkunft weder Personen noch Sachen statt, sondern nur Ereignisse wie die Mondlandung, das Fußballspiel der Altherrenmannschaft oder die Fahnenweihe des Trachtenvereins. Sätze wie „Paula findet heute Abend leider nicht statt“ oder „In unserem Garten findet neuerdings eine Kletterrose statt“ sind zwar machbar, sollten aber höchstens zur Erzielung komischer Effekte verwendet werden. In Pauls Deutschem Wörterbuch findet sich indessen der Hinweis, dass *stattfinden* einst auch im Sinn von *vorhanden sein* verwendet wurde, wozu aus Gotthold Ephraim Lessings kleinem Gedicht „Alexander“ die Stelle „finden […] daselbst auch Wein und Mädchen statt“ zitiert wird. Der Beleg hätte ganz gut auch zur Straubinger Prostitution gepasst, aber die findet ja nicht statt.

NACHDENKLICH wurde Leser Z., als er bei uns von einem Arbeiter erfuhr, der beim Reden „die große Lücke zwischen seinen Schneidezähnen aufblitzen" ließ. Seiner Ansicht nach blitzen allenfalls die Schneidezähne selbst – wer die Zahnpastareklame im Fernsehen verfolgt, wird ihm zustimmen. Die Lücken dazwischen sind aber dunkel, düster, traurig, ja oft sogar schaurig. Im selben Text war übrigens auch von einer „Lücke von bis zu zwei Millionen Arbeitern" die Rede, und diese Lücke hat der Autor nicht aufblitzen gesehen.

FÜR SCHWER MISSVERSTÄNDLICH hält Leser J. den Satz unseres Reporters, der sich mit einem Informanten namens Leon Douglas treffen wollte und das aus der Gegensicht so beschrieb: „Leon Douglas wollte sich vor dem Tube-Ausgang Brixton treffen." Herr J. fragt sich und uns, ob Leon Douglas mit sich selbst verabredet war oder ob er Gott bewahre irgendein Schießgerät gegen sich richten wollte.

WIE NAH BEIEINANDER Grauen und Komik oft wohnen, weiß man. Auf den neuesten Fall dieser Symbiose stieß unsere alte Freundin M., als sie las, dass „sich Al-Qaida-Frauen immer wieder in die Luft" sprengen. „Das macht ihnen so leicht niemand nach", schrieb sie in ihrer lakonischen Art.

PRÄZISION IST gerade beim Schreiben über das Schreckliche unabdingbar. Daran erinnert Leser W., und zwar anlässlich eines Gerichtsberichts, in dem es einerseits hieß, dass ein gewisser B. einen Jogger „mit einem Butterflymesser ermordet haben soll", in dem andererseits aber darauf Bezug genommen wurde, dass besagter B. dafür schon vor zehn Jahren verurteilt worden war. In Herrn W.s Augen, und nicht nur in seinen, sind die zwei Aussagen nicht kompatibel, weil der Unschuldsvermutung, für die das „soll" üblicherweise steht, durch die Erwähnung des Urteils der Boden entzogen ist.

ZWISCHENDURCH ein Kasus aus dem Straßenverkehr. Leser P. sah in der Spurverengung, „wo Autos sich von drei Fahrstreifen auf zwei verteilen sollen“, auch eine metaphorische Verengung. Wenn, so argumentiert er, Kuchenstücke von drei Tellern auf zwei transferiert werden, finde keine Verteilung statt, sondern eine Häufung, und ebenso würden die „verteilten“ Autos ja nicht weniger, sondern mehr, pro Spur jedenfalls. Bei der nächsten Fahrbahnverengung – man erkennt sie ganz leicht an den Zeichen 120 und 121 der Anlage 1 Abschnitt 1 zu § 40 Absatz 6 StVO – wollen wir alle mal darauf achten.

VERWIRRT blieb Leser Z. zurück, nachdem er über einen hohen Funktionär der Sportschützen hatte lesen müssen, das sei „ein Mann mit großen Geheimratsecken und einer ebensolchen Brille“. Was hat der Mann nun auf der Nase, wollte er wissen, eine große Brille oder eine geheimrätliche, also einen Zwicker? Ein Foto beweist, dass er eine große, zudem recht schöne Brille trägt. (Mit den Geheimratsecken ist es übrigens so weit auch wieder nicht her, da hat man schon größere gesehen.)

DER STEUERSTREIT zwischen Union und FDP wurde bei uns als „Kampf“ gebucht, der „Narben geschlagen“ habe, die ihrerseits „das Klima in der Koalition bis heute vergiften“. Nachdem sich der Pulverdampf halbwegs verzogen hatte, meldete sich Leser Dr. T. mit dem Hinweis, dass der Kampf keine Narben schlägt, sondern allenfalls Wunden, dass es aber weder diese noch jene sind, die das Klima vergiften.

QUALITÄT HAT SEINEN PREIS, fand Leser F., als er dies las: „Kreative Qualität kommt noch immer von Qual.“ Man weiß, was gemeint ist, und stimmt dem auch zu. Trotzdem erinnert das Wortspiel fatal an jenes andere, wonach Kunst von Können komme und nicht von Wollen, widrigenfalls sie ja Wulst hieße.

DER RHEIN ist, wie man heute weiß, nicht 1320 Kilometer lang, sondern nur 1230. Der Fehler lässt sich auf einen Zahlendreher zurückführen, der um 1930 herum – gottlob nicht schon 1390 – passiert ist und sich alsbald in den Nachschlagewerken festgesetzt hat. Durch einen ähnlichen Irrtum wurden bei uns kürzlich die angeblich idealen weiblichen Körpermaße 90-60-90 zu 60-90-60 verdreht, ein Lapsus, den Leser Dr. R. nicht nur entdeckte, sondern sogar als „kleinen Lichtstrahl" wertete. Gern geschehen, können wir da nur sagen. Die Sache wurde übrigens in einer späteren Ausgabe bereinigt, wohl von jemandem, der beim Korrekturlesen sein inneres Auge mitarbeiten ließ.

ALS DIE PALÄSTINENSER unlängst wieder einmal der Vertreibung gedachten, gab es etliche Tote. In unserem Bericht sollte der Untertitel mitteilen, dass die israelische Armee scharf geschossen und mehr als zehn Menschen getötet habe. Da wurde wohl ein paarmal um- und nachgearbeitet, mit dem bedauerlichen, einige Leser verstörenden Ergebnis: „Die Armee schießt mit scharfer Munition und mehr als zehn Menschen." Unter anderen Umständen hätte man an so einer Panne seinen Spaß haben können, unter diesen nicht.

ZU DEN DAUERBRENNERN der Leserkritik gehört der Ausdruck *sich entschuldigen.* Gegen ihn wird, und zwar oft mit unüberhörbarer Erbitterung, ins Feld geführt, man könne nur um Entschuldigung bitten, sich jedoch nicht aus eigener Macht entschuldigen. Nachfragen bei Grimm und Adelung führen indes zu einem anderen Ergebnis. In der Tat bedeutet *entschuldigen* zunächst *von Schuld freisprechen*, darüber hinaus wird es bei diesen Autoren aber auch in dem getadelten Sinn registriert, beispielsweise mit der Bibelstelle „Die Geladenen fingen an, sich zu entschuldigen" (Lk 14, 18). Dass *um Entschuldigung bitten* edler ist und schöner klingt als *sich entschuldigen*, bleibt davon allerdings unberührt.

AUCH DIE JUSTIZ steckt voller Wunder. Man muss, um ihrer gewahr zu werden, die Zeitung nur so aufmerksam lesen wie Herr H., der folgende Blüte ausschnitt und, zusammen mit ein paar anderen Blüten, auf eine Art Klageschrift klebte: „Markus W.s Haftstrafe war im April abgelaufen, kam aber nicht auf freien Fuß." Demnach ist Markus W. seit April frei, während seine Haftstrafe nach wie vor einsitzt. Strafvollzug, quo vadis?

KRANFÜHRER brauchen es, Polizisten auch, ansonsten aber führt das *Augenzeugnis* in Schillers „Don Carlos" ein vergleichsweise exklusives Leben als Zitat: „Ein Augenzeugnis, ein erhaschtes Wort, / ein Blatt Papier fällt schwerer in die Waage, / als mein lebendigstes Gefühl." Der *Augenzeuge* hingegen ist allgegenwärtig, sollte es nach Ansicht der Polizei jedenfalls sein. Als kürzlich in Brühl ein Haus zerbarst, war nicht nur einer da, sondern mehrere. „Augenzeugen zufolge", hieß es bei uns, „hatte es am Samstag einen lauten Knall gegeben." Die Tragik des Ereignisses ist das eine. Das andere ist Leser R.s Frage, ob diese Leute nicht am Ende eher Ohren- als Augenzeugen waren. Unser lebendigstes Gefühl stimmt ihm zu.

9

EIN VERTRACKTER FALL ereignete sich kürzlich in Bangkok. Dort war der Abt eines buddhistischen Klosters nach langer Abwesenheit zurückgekehrt, und die Freude darüber bewirkte folgendes: „Ein gutes Dutzend" wichtiger Leute „machen ihm seine Aufwartung". Leser B. hat mit bewährt scharfem Auge den Kern des Problems erkannt: Entweder habe es die Autorin der Notiz versäumt, analog zum „Dutzend" die Singularform „macht" zu verwenden, oder aber sie habe geglaubt, die Aufwartung sei Sache des Abtes und nicht der ihn besuchenden Honoratioren. Zugunsten der Kollegin nehmen wir an, dass ihr ein Flüchtigkeitsfehler unterlaufen ist und dass sie schon wusste, was es mit der Aufwartung auf sich hat. Das ist eine in Tat und Wort leicht altertümliche Geste der Ehrerbietung, deren Kern sich aber erhalten hat, beispielsweise wenn man in diesen Tagen halb gravitätisch, halb ironisch fragt: „Kann ich vielleicht mit einem Gläschen Punsch aufwarten?"

DAS AUFTRUMPFENDE ATTRIBUT „aller Zeiten" hat eine Menge hartnäckiger Gegner, ist aber allem Anschein nach resistent sowohl gegen sachliche Einwände als auch gegen Spott und Hohn. Man kann es als Angeberei durchgehen lassen, dann hat sich's erledigt. Man kann aber auch seine faktische Schwäche benennen, nämlich dass es die Zukunft in seine Protzerei einbezieht, und was die Zukunft bringt, weiß man eben nicht. Insofern hat Leser F. recht, wenn er Florian Henckel von Donnersmarck noch nicht zum „größten deutschen Regisseur aller Zeiten" ernannt sehen will. Seinem Gefühl nach könnte uns die Zukunft durchaus mit einem noch größeren, womöglich gar noch längeren deutschen Regisseur überraschen.

DER BESINNUNGSAUFSATZ früherer Zeiten ist Leser E. eingefallen, als er im Feuilleton die Überschrift „Habt acht vor der Psychoanalyse!" las. Aufsätze dieser Sorte rankten sich gern an Dichterworten empor, beispielsweise an Wilhelm Raabes Maxime „Blick auf zu den Sternen, hab acht auf die Gassen". Was uns der Dichter damit sagen will, lassen wir für heute unerörtert, aber was der zweite Halbsatz meint, kann man wohl so wiedergeben: Pass gut auf, was in den Gassen los ist. In dem Artikel ging es um den „Kinovisionär" Terry Gilliam, der Angst vor der Psychoanalyse gehabt haben soll, und wenn das wirklich so war, hätte die Überschrift „Nimm dich in Acht" lauten müssen. Unser „Habt acht" liest sich übrigens wie ein Militärkommando: Stillgestanden vor der Psychoanalyse! Das muss, bei allem Respekt vor dieser Disziplin, schon gar nicht sein.

FÜR VERMESSEN hält Leser H. die Formulierung „das rund vier Meter durchmessende Bauwerk". In der Tat: Wenn jemand größere Räume durchmisst, so ist das der Wanderer, der Marathonläufer oder, aktuelles Beispiel, der Engel des Herrn, der demnächst wieder zu den Hirten treten und ihnen sagen – aber das kennt ja jeder.

MIT DER LOGIK der Sprache ist das so eine Sache. In einem Bericht über den Prozess gegen Verena Becker hieß es, dass einen bestimmten Verdacht bisher „fast niemand" habe bestätigen können. Diese Relativierung des Indefinitpronomens *niemand* hält Leser B. für unzulässig, und in der Tat kommt es bei einem Prozess entscheidend darauf an, ob wirklich niemand etwas zuverlässig weiß: Da freut sich zumindest der Angeklagte. Im außergerichtlichen Leben geht es freilich lässiger zu, da sind Relativierungen des vermeintlich Unrelativierbaren an der Tagesordnung, da büßt der Grundsatz „Ein bisschen schwanger gibt es nicht" viel von seiner Unbedingtheit ein. Man sagt „fast immer", obwohl es am Immerwährenden eigentlich nichts zu rütteln gibt, man geht „so gut wie nie" ins Kino und kennt doch jeden Film, und wenn man sich „beinahe totgelacht" hat, lebt man gottlob gemütlich weiter. Fast meistens wenigstens.

DIE SPRACHE DER POLITIK hat die Tendenz, bestimmte Wörter zu okkupieren und derart penetrant zu verwenden, dass man den Eindruck gewinnt, von deren vielfältiger Bedeutung bliebe letztlich nur eine, nämlich die von der Politik gemeinte beziehungsweise gewollte. Auch das Verbum *umsetzen* ist in diese Verallgemeinerungsmühle geraten, mit dem Effekt, dass kaum noch ein Komposthaufen umgesetzt wird, dafür jeden zweiten Tag eine neue Agenda, die es an Düngekraft mit diesem in keiner Weise aufnehmen kann. Leser E. hat einen Artikel von gut 80 Zeilen durchgesehen und ist dabei auf sieben Formen von *umsetzen* gekommen, während es doch ein Leichtes gewesen wäre zu schreiben, dass Frankreich die EU-Freizügigkeitsrichtlinie *beachten, verwirklichen, einhalten, erfüllen* oder, in drei Teufels Namen, *in die Praxis umsetzen* müsse, wolle es sich anders kein Vertragsverletzungsverfahren an den Hals ziehen. So weit Herrn E.s Anregung, die hiermit umgesetzt sei, wenn auch vorderhand nur in diese Kolumne.

NICHTS WIE ÄRGER mit dem Ärger: Kürzlich brach er sich bei uns „seinen Bann", ein Vorgang, den Leser E. wie gebahnt verfolgt hat.

WAS HAT DAS VOGERL, das geflogen kommt, im Schnabel? Richtig: ein Zetterl, und auf diesem Zetterl ist von der Mutter ein Gruß. So viel dazu, wie man einen Gruß, im Prinzip also auch ein Grußwort, anbringen kann. Wie aber nun, wenn es der eben entschwundene Bundespräsident war, der das Grußwort abzugeben hatte. Weder war er ein Vogerl, noch gar hatte er ein Zetterl im Schnabel, weswegen er das Grußwort „hielt". So stand es bei uns im Blatt, zur Verwunderung von Leser W., nach dessen Meinung man zwar eine Rede halten kann, nie aber ein Grußwort. Da hat er recht, und selbst der Einwand, dass Grußworte oft länger dauern als Reden, kommt dagegen nicht an.

DIE OBERAMMERGAUER Passion ist allgemein gelobt worden, und auch die Kollegin aus dem Feuilleton war von der „archaischen Kraft" des geistlichen Spiels sehr angetan. Leser K. sah das nicht anders, doch was ihn darüber hinaus faszinierte, war der Umstand, dass „die drei überdimensionalen Kreuze mit den halbnackten, blutverschmierten Körpern von Jesus und den beiden anderen Todeskandidaten dann an Seilen in die Höhe gezogen und mit einem Ruck im Boden verankert" wurden. Das habe es noch nie gegeben, schreibt er, dass Jesus und die Schächer das selbst erledigen mussten, und er meint, mit dem Genitiv „den Körpern Jesu und der beiden anderen Todeskandidaten" wäre ihnen das erspart geblieben. Amen, mehr kann man hierzu nicht sagen.

DIE EINWÜRFE der Leserin K. sind hochgeschätzt, weil witzig, um nicht zu sagen sophisticated. Als im Streiflicht zu lesen war, dass ein Gericht normalerweise munde und, „wenn es hoch kommt", ein Genuss sei, fragte sie uns sofort nach dem Lokal, wo das Essen auch noch schmecke, „wenn es wieder hoch kommt". Schön spitzfindig, aber leider daneben! Hätte unser Autor dieses unappetitliche Phänomen im Auge gehabt, hätte er „wenn es hochkommt" geschrieben. Er meinte aber etwas wie „wenn es ganz gut geht" oder „im Glücksfall", und da schreibt man das Wort getrennt, wie das ja auch schon der Psalmist tat: „Vnser leben wehret siebenzig jar / wenns hoch kompt so sinds achzig jar etc."

„ERINNERUNG", ruft Dante, „jetzt zeige deinen Adel!" An einem Treffen des SPD-Parteivorstands, bei dem es um die Afghanistan-Politik ging, nahm Ende Januar auch Helmut Schmidt teil, und über ihn, den einstigen Soldaten, wurde berichtet, dass er die „Scheiße" des Krieges „noch in guter Erinnerung hat". Leser Dr. B. weist darauf hin, dass es zwischen den Inhalten der Erinnerung und dem Funktionieren dieser Fähigkeit einen gewaltigen Unterschied gibt, und er berichtigt den Altkanzler dahingehend, dass dieser die besagte Scheiße „noch gut in Erinnerung hat – und zwar in schlechter".

EIN LESER war am Telefon so fix, dass sein Name verlorenging, aber der Kern seines Anrufs war der, dass man Bundestagspräsident Norbert Lammert nicht als „studierten" Diplom-Sozialwissenschaftler bezeichnen dürfe. Da sich das Sprachlabor auch als Zufluchtsort für Umgangssprachliches versteht, sei dieser These so freundlich wie hart widersprochen. Der studierte Jurist ist das akademische Gegenstück zum gelernten Tischler, der schon im Grimm als einer beschrieben wird, der „die Lehre ordentlich durchgemacht" hat. Der Duden leitet das adjektivische Partizip *gelernt* von dem Verb *lernen* in der älteren Bedeutung *lehren* her, ein Abstammungsnachweis, der alles in allem auch für die Studierten gelten dürfte und der, nebenbei, dem verpönten Spruch „Was lernt uns das?" eine neue Würde verleiht.

IN DER REZENSION eines Buchs über die Heimatvertriebenen hieß es, diese seien nach ihrer Eingliederung lange kein Thema gewesen. Der Autor fuhr fort: „Das gesellschaftliche Versäumnis, diesen Sektor der Kriegsfolgen tabuisiert oder ausgeblendet zu haben, wird allmählich aufgeholt." Leser Sch. sieht den Kollegen insofern als Opfer einer indirekten doppelten Verneinung, als das Versäumnis, diese Kriegsfolgen tabuisiert zu haben, ja so zu verstehen sei, dass die Gesellschaft sich damit offen auseinandergesetzt habe. In diesem Fall gebe es aber nichts auf- oder nachzuholen.

SO TRAURIG Flugzeugabstürze sind, nach angemessener Frist darf die Art, wie über sie berichtet wurde, kritisch betrachtet werden. In diesem Sinn hat sich Leser D. eine Meldung angesehen, in der es hieß, eine Cessna sei „aus zunächst ungeklärter Ursache abgestürzt". Was Herr D. vermisst, ist eine Weiterführung in dem Sinn, dass bald danach der Grund gefunden worden sei. Dem ist beizupflichten, zweckmäßigerweise mit einem ebenfalls traurigen Zitat, betreffend die Witwe Schorlemmer aus Fontanes Roman „Vor dem Sturm". Diese kehrte, nachdem ihr Gatte Jonathan in einem mit Seehundsfell beschlagen Sarg bestattet worden war, „mit dem Grönlandschiff zunächst nach Kopenhagen und von dort aus in die deutsche Heimat zurück".

DER TIERSCHUTZ ist vielen Menschen ein ernstes Anliegen; entsprechend üppig wird darüber geschrieben. Was die Wortwahl angeht, so läuft die SZ wahrscheinlich im Rudel mit, das heißt, sie verwendet – in absteigender Frequenz – Vokabeln wie *artgerecht, tiergerecht, artgemäß* und *verhaltensgerecht*. Leser Dr. U., eine Koryphäe auf dem Feld der Tierverhaltenskunde, schreibt uns dazu, wir sollten das Topwort *artgerecht* etwas mehr in den Hintergrund rücken, weil es beim Tierschutz laut Gesetz darauf ankomme, das Tier „verhaltensgerecht unterzubringen" und dessen Möglichkeit „zu artgemäßer Bewegung" nicht ungebührlich einzuschränken. Im Tierschutz Fortgeschrittene griffen zu dem Terminus „tiergerecht", da eine „nur artgemäße Haltung" dem spezifischen Bedarf jedes Einzeltieres zu wenig Rechnung trage. Wir geben das gern sowohl wieder als auch weiter, und zwar to whom it may concern.

ALS DIE MANNSCHAFT der *Hansa Stavanger* freikam, übernahm die SZ eine Diagnose der dpa, die diese wiederum vom Kapitän übernommen hatte: Es gehe den Leuten „den Umständen entsprechend gut". Leser J. findet diese Formulierung gedankenlos, weil die Umstände doch kein Wohlbefinden bewirkt hatten, schon gar kein „entsprechendes". Man hätte den Menschen allenfalls attestieren können, es gehe ihnen „in Anbetracht dessen, was sie durchzustehen hatten, noch entsprechend gut". Eine vergleichbare Unzulänglichkeit entdeckte Leser P. in dem Bericht über den Eta-Anschlag auf Mallorca. Dabei kamen, wie es bei uns hieß, „zwei Polizisten ums Leben, es wurde niemand verletzt". Das hört sich zugegebenermaßen komisch an; die „satirische Betrachtung", die Herr P. dazu anregt, verschieben wir trotzdem auf ein andermal.

„DAS GEHT MIR AUF NERVEN", schrieb Leser E. an den Rand eines ausgeschnittenen Artikels. Was ihn daran nervte, war die Überschrift „Ende der Gefangenschaft auf Meer", die möglicherweise daher rührte, dass ihr Verfasser nie auf See war, schon gar nicht auf hoher.

„ANGELA MERKEL“, schrieb *sueddeutsche.de*, „legt für einen Vortrag vor Katholiken ihre Kanzlerinnen-Rüstung kurz ab und offenbart ein seltenes Bild von ihr.“ Leser H. hätte nur zu gern gesehen, welches Bild ihrer Rüstung die Kanzlerin bei dieser Gelegenheit vorzeigte.

SEIT DAS WETTER in den Medien zu einer Hauptsache geworden ist, sind zu den echten auch ein paar sprachliche Tiefs hinzugekommen, beispielsweise die im Radio oft zu hörende Unart, von „eisigen dreizehn Grad“ zu reden, obwohl doch die Grade selbst lediglich weit unter null liegen und allenfalls der Mensch das als eisig empfindet. Kurzschlüsse dieser Art sind keineswegs verboten, man denke nur an die „höllischen zehn Minuten“ eines Prüflings, bei denen den an sich neutralen Minuten zugeschoben wird, was sich im Inneren des Prüflings ereignet. Dennoch hat Leser Z. recht, wenn er die Überschrift „Billige Tarife, hoher Gewinn“ rügt: Es gibt nur niedrige Tarife, die dann ihrerseits das Leben billiger machen.

AUF SPIELPLÄTZEN ist öfter die Hölle los, als man denkt. Bei so einem Inferno gerieten in Germering einmal zwei Familien aneinander, wobei die Oma der einen die Mutter der anderen verprügelte. Die Sache kam vor Gericht und in unser Blatt, Letzteres in dieser Form: „Die Angeklagte beteuerte zwar die Schläge, Zeugen widersprachen ihr aber. Das Gericht glaubte diesen mehr.“ Dass die Oma trotzdem verurteilt wurde, dürfte nicht nur unseren Leser v. C. verwundern.

EIN BILD SAGT MEHR ALS TAUSEND WORTE

Oder: Wie es durch den geschickten Einsatz von Metaphern gelingt, dem Sportwagen einen Ehrenplatz in der Tiefgarage des Herzens zu sichern.

WENN LESER Z. zupackt, dann richtig, und so warf er uns denn, mit einem scharfen „Quo vadis, SZ?!", gleich ein ganzes Bündel im Blatt gefundener Vergleiche auf den Tisch. Ein Kollege hatte auf dem Gesicht einer Kubanerin „ein Lachen von der Spannweite eines Airbus" entdeckt, einem anderen war die Nachricht von dem Schweizer Haftbefehl „wie das Läuten einer Kuhglocke auf der stillen Almwiese" vorgekommen, und ein dritter war der Ansicht gewesen, bei den Liberalen hätten Theorie und Praxis „so viel miteinander zu tun wie ein Nudelsalat und ein Feuerlöscher". Ein übergreifendes Metaphernkonzept lässt sich nicht entdecken, aber irgendwie fühlt man sich wie in einem Airbus, wenn sie mit der Kuhglocke zum Nudelsalat läuten.

AUF EINEM KREUZFAHRTSCHIFF koche, so bei uns zu lesen, „eine lebende kulinarische Legende". Leser Sch. findet das ätzend, denn unter einer kulinarischen Legende stellt er sich eine Sachertorte vor. Als was er sich bei diesem Stand der Dinge den Koch vorstellt, lässt er dankenswerterweise offen.

SCHARFRICHTER, mal allle herhören! Wie funktioniert eigentlich ein Fallbeil? Wir fragen das deshalb, weil auf der Autoseite stand, dass beim GT86 von Toyota die Kupplung „mit dem Beißreflex eines Kampfhundes" arbeite, der Schaltstummel „wie das Magazin eines Trommelrevolvers" einraste und – jetzt kommt's – die Bremse „mit der Konsequenz eines Fallbeils" verzögere. Leser Z. meint dazu, dass, wer die Kupplung so arbeiten lasse, den Motor abwürge, und was die Guillotine betrifft, so hat er sie völlig anders in Erinnerung. Man kennt solche Maschinen ja gottlob nur aus der Kulturgeschichte der nützlichen Erfindungen, doch wenn man sich ihren Zweck vor Augen hält, kommt man zu dem Schluss, dass Guillotinen, die konsequent verzögern, gewissermaßen Sabotage betreiben und vom Henker schnell wieder ausgemustert werden. Wie rastet übrigens das Magazin des Trommelrevolvers ein? Keine Ahnung. Man sollte bei Gelegenheit die Kollegen in Tombstone fragen.

ZWEIDEUTIGKEITEN sind selten beabsichtigt, entwickeln dann aber manchmal einen ganz eigenen Charme. Leser G. entdeckte in einer Analyse des Dreigestirns Steinbrück/Steinmeier/Gabriel den Satz „Steinmeier und Steinbrück glaubten Gabriel am Ende" und fragte besorgt, ob es wirklich so schlimm um den SPD-Vorsitzenden stehe. Der Reiz der Stelle resultiert daraus, dass das Objekt „Gabriel" sowohl im Dativ als auch im Akkusativ stehen könnte. Letzteres ergäbe eine schöne Bühnenszene. Steinmeier *halblaut* zu Steinbrück: „Du, der Gabriel, der ist ..." Steinbrück *ebenso*: „... am Ende, sag ich doch schon die ganze Zeit." Gabriel *beiseite*: „Die werden sich noch wundern!" *Vorhang.*

WUNDERWELT der Automobile! In einer Vorschau auf die für 2012 angekündigten Modelle hieß es, die Alltagsautos würden „immer emotionaler". Das bedeute aber nicht, „dass Sportwagen den Ehrenplatz in der Tiefgarage des Herzens aller Autofans verloren hätten". In Zeiten des guten alten Stimmungsliedes hielt man das Herz für ein Bienenhaus, worin die Mädchen die Bienen waren. Gut zu wissen, wo der Sportwagen steht, wenn eine dieser Bienen einmal richtig nobel ausgeführt werden will: links unten in jenem Teil, den der Mediziner *apex cordis* nennt.

WER VON AUTOS nicht mehr verlangt, als dass sie vier Räder haben, lenkbar sind und anstandslos laufen, wird mit der branchentypischen Poesie wenig anfangen können. So dürfte es auch Leser Z. kalt gelassen haben, als er über den „Audi A1 1.4 TFSI Ambition S-Tronic" – was für ein Name! – lesen konnte, dass dieser „wie der berühmte Pfeil vom Bogen" losgehe und dass sich bei ihm, für einen Pfeil ungewöhnlich, „Turbo und Kompressor gegenseitig unter die Arme greifen“. Dann aber erfuhr er, dass mit diesem Auto „auf kurvigen Geläuf in jeder Situation ein sauberer Strich gefahren werden kann“, und da hätte es ihm doch bald die Lenkung verrissen. Dass es *kurvigen* statt *kurvigem* hieß, war noch das Wenigste, das konnte vom Fahrtwind gekommen sein. Dass der Wagen aber auf Pferderennbahnen fährt, schien ihm nun doch ungewöhnlich. Übrigens nennt man Pferde, die bei weichem bis tiefem Geläuf am schnellsten sind, unter Kennern auch „Sumpfhuhn“. Vielleicht sollte Audi noch ein besonders geläufgängiges Modell anbieten: den Audi A1 1.4 TFSI Ambition S-Tronic Sumpfhuhn.

DER SSC NEAPEL pfiff, so jedenfalls unsere Wahrnehmung, im Spiel gegen Juventus Turin „aus dem letzten Loch“, eine Musikproduktion, die Leser W. an dieser Stelle gern mit Laune erörtert sähe. Natürlich ließe sich aus der Alternative, ob jemand „auf“ oder „aus“ einem Loch pfeift, allerlei zweideutiger Schabernack gewinnen, was wir uns jedoch versagen. Üblicherweise wird die Redensart so erklärt: Wenn der Finger des Flötenspielers *auf* dem letzten Griffloch sitzt, ist es mit dem Getön bald zu Ende. Ein Blick in die Literatur zeigt jedoch, dass man es mit der Unterscheidung, ob *auf* oder *aus* besagtem Loch gepfiffen wird, zu keiner Zeit sehr genau nahm, und was die Suchmaschine angeht, so sagt sie uns, dass das spieltechnisch korrekte *auf* vom landläufigeren *aus* längst überholt wurde. Für das *aus* könnte man sogar Goethe anführen, doch begnügen wir uns für heute mit der Variante aus Mecklenburg: „Dat pippt bi em ut ’t letzt Lock.“

WAS SCHREIBT MAN über einen Artikel, wenn darin von jungen Kanadiern die Rede ist, die ihrem Land den Rücken kehren und in der Heimat ihrer Vorfahren Arbeit suchen? Wie macht man auf einen Text über einen Stammbaumforscher aufmerksam, der beim Heimatbund über sein Fach referiert hat? Mit welcher Schlagzeile zieht man den Leser in eine Reportage darüber, dass sich viele Deutsche lieber unter einem Baum als auf dem Friedhof begraben lassen? Richtig: Man wählt den schönen Titel „Zurück zu den Wurzeln". Indessen sollte man mit dieser wie mit allen Schlagzeilen vorsichtig sein. Nur weil einer heute etwas tut, was er auch vorgestern schon getan hat, geht er noch nicht zurück zu seinen Wurzeln. Leser Dr. K. hat herausbekommen, dass diese Überschrift seit dem 1. Januar 2010 bei uns 24-mal verwendet wurde, und rät zu einer Karenzzeit. Unter dem Eindruck dieses guten Rats haben wir die eingangs erwähnten drei Beispiele noch einmal geprüft, mit dem Ergebnis, dass Leute, die sich unter Bäumen begraben lassen, nur dann wirklich zu ihren Wurzeln zurückgehen, wenn sie auch von Bäumen abstammen.

BEIM JAGEN IST ES SO, dass der eine flüchtet und der andere nachsetzt, und dieser andere ist dann in der Abfolge der Vorbeilaufenden der Nächste. Das hatte auch unser Leser H. im Auge, als er Wendungen wie „Eine Krise jagt die nächste" kritisierte und davor warnte, sich diesem realitätsfremden, jedoch allgemein üblichen Sprachgebrauch zu unterwerfen. In der Tat: Gibt man bei Google „eine * jagt die nächste" ein, kommt man auf beiläufig 1,4 Millionen Treffer – eine wahrhaft wilde Jagd! Da jagt zum Beispiel in der *Berliner Zeitung* eine Jubelmeldung die nächste, der *Münchner Merkur* lässt eine Hiobsbotschaft die nächste jagen, und in J. W. Dudenhausens verdienstvollem Buch „Frauenheilkunde und Geburtshilfe" jagt sogar eine Wehe die nächste. Herrn H.s Hoffnung, dass die Nächsten endlich einmal die Ersten sein werden, erfüllt sich wohl erst am Jüngsten Tag.

DIEJENIGEN UNTER UNS, die Plinius d. Ä. im Original zu lesen pflegen, wissen aus dessen „Naturgeschichte", dass der

Maler Apelles zu einem vorlauten, an einem seiner Gemälde herummäkelnden Schuhmacher sagte, er solle nichts beurteilen, was über die Schuhsohle hinausgehe – „ne supra crepidam sutor iudicaret“. Man führt darauf das Sprichwort „Schuster, bleib bei deinem Leisten“ zurück, das sehr schön ist, aber den Nachteil hat, dass heute kaum noch jemand weiß, was es mit diesem Leisten auf sich hat. Daraus wiederum resultiert, dass der Spruch viel öfter in der Fassung „Schuster, bleib bei deinen Leisten“ zu lesen ist; so auch, zum Verdruss von Leser S., kürzlich bei uns. Der Leisten ist das Holzmodell für einen Schuh, gefertigt nach dem Originalfuß des Kunden. Insofern ist die generalisierende Singularform vorzuziehen, gerade bei einem ebenfalls aufs Generalisierende erpichten Sinnspruch. Andererseits könnte man die Pluralform damit rechtfertigen, dass der Schuster für jeden Kunden zwei Leisten braucht, einen für rechts und einen für links, und wenn sein Laden gut läuft, hat er ein paar hundert Leisten in seinem Werkstattregal. Heutige Künstler wären, anders als Apelles, vielleicht ganz froh, wenn sich Schuster zu ihren Bildern äußern würden.

HAMBURGS SPD hat den Wasserkanten-Korrespondenten der SZ derart beeindruckt, dass er, um sie und ihr Wirken zu beschreiben, zum kleinen Physikbaukasten griff. Sie wirke, schrieb er, „wie ein Magnet, an dem sich im Kraftfeld der Hamburger Politik alle ausrichten“. Für den flüchtigen Leser klang das plausibel: Hamburg eine große Glasplatte, darunter der Riesenmagnet SPD, und auf der Platte die Hamburger Politik, die in seinem Kraftfeld wie eitel Eisenfeilicht verschoben und neu ausgerichtet wird. (Eisenfeilicht ist das, was beim Feilen von Eisen abfällt – ein schönes und insofern höchst erstaunliches Wort, als der Abfall beim Sägen nicht Sägicht heißt, sondern Sägemehl. Dies nebenbei.) Leser Dr. B. ist alles andere als flüchtig, und so stellt er denn richtig, dass die Hamburger Politik als solche wohl nicht den Rang eines Kraftfeldes für sich beanspruchen könne. Es müsse also heißen: „Die SPD wirkt wie ein Magnet, in (oder: an) dessen Kraftfeld sich in der Hamburger Politik alle ausrichten." Wäre noch zu ergänzen, dass das nur funktioniert, wenn die Elemente der Hamburger Politik über einen metallischen Kern verfügen, wahlweise auch über ein Sensorium von der Art, mit dem sich bestimmte Vögel im Magnetfeld der Erde orientieren.

DIESE KOLUMNE ist keine Medizinkolumne, weswegen sie sich auch bedeckt hält, wenn Leser sie mit Sprachlichem konfrontieren, das ins Medizinische hinüberlappt. Dieser Enthaltsamkeit gedenkt sie treu zu bleiben, doch weil alle Welt über die Stränge schlägt, wollen wir auch hier mal fünf gerade sein lassen und uns mit den „freien Radikalen" beschäftigen. Der Hintergrund: Bei den Zeitschriftenverlegern herrscht Unmut über eine rüde Werbekampagne des Bauer Verlags Hamburg, und unser Korrespondent dort oben hatte von der Sorge berichtet, dieses Haus respektive die Verlegerin Yvonne Bauer könne „als eine Art freie Radikale" das Vertriebswesen der Branche in Unordnung bringen. Das klang lustig, weil Verlegerinnen ja sonst eher dem von Radikalen bekämpften Establishment zugerechnet werden und weil bei dem Begriff „freie Radikale" ein wohliges Ächzen durch fast jede Gesprächsrunde geht – wohlig deswegen, weil die meisten Leute sich bei diesem Wort zwar gruseln, andererseits aber aus erster Hand wissen, dass schon ein Apfel oder ein Rippchen superbitterer Schokolade die freien Radikalen aus dem Feld schlagen, zumindest in ihre Schranken weisen können. Jede Wette, dass die wenigsten von ihnen den Singular dieser Wesen kennen, im Unterschied zu unserem Leser B., der weiß, dass es „freies Radikal" heißt und „mit der chemischen Eigenschaft von Sauerstoffmolekülen" zu tun hat. Auf der Homepage einer Firma, die einen Beerenextrakt gegen freie Radikale anbietet, ist zu lesen, dass beim Stoffwechsel Zwischenprodukte des Sauerstoffes entstehen, die hochreaktiv und aggressiv sind. Das sind die „freien Radikalen“, denen in ihrer chemischen Struktur ein Elektron fehlt. Also greifen sie andere Moleküle an, um sich das Elektron zu rauben, wodurch diese ebenfalls zu freien Radikalen werden und ihrerseits auf Elektronenklau gehen müssen. „Ein Teufelskreis entsteht“, sagt die Firma. Bleibt im wohlverstandenen Interesse des Verbands Deutscher Zeitschriftenverleger zu hoffen, dass deren Mitglied Yvonne Bauer im Vollbesitz seiner Elektronen ist.

EINEN VERZWICKTEN KASUS präsentiert Leser K. Auf einem Foto waren kürzlich Gregor Gysi und Linken-Chefin Gesine Lötzsch zu sehen, dem Anschein nach friedlich vereint. Der Bildtext darunter brachte die harte Wahrheit an den Tag: dass sie „kein Herz und eine Seele“ mehr seien. Was aber sind sie dann? Ein Herz und keine Seele, kein Herz und keine Seele, nur noch eine Seele? Wahrscheinlich sind sie, was sie immer waren, nämlich zwei Herzen und zwei Seelen, zwei Körper sowieso. Das trifft den Sachverhalt, mag gleich die Metapher daran zerschellen.

DA ES ALS ZITAT bei uns zu lesen war, sind wir sozusagen mitgefangen, mitgehangen, und zwar mit der baden-württembergischen Umweltministerin Tanja Gönner, die zu Leser St.s nicht geringer Erheiterung sagte, dass der eingeengte Blick auf die erneuerbaren Energien zu kurz springe. Da kann man nur hoffen, dass der weite Blick auf die Kernenergie nicht übers Ziel hinausschießt.

UND WIEDER EINMAL die Banken: Es sei, hieß es bei uns, „eine Sisyphos-Aufgabe“, die Welten von Deutscher Bank und Postbank zusammenzuführen. Dazu merkt Leser B. an, dass man den guten alten Sisyphos für eine zugegebenermaßen schwere Arbeit nicht ohne weiteres in Anspruch nehmen könne. Dessen Arbeit – das ewige Wälzen eines Steins – sei zwar auch schwer gewesen, sehr schwer sogar. Ihr Witz, wenn man so will, sei aber nicht die Mühsal gewesen, sondern die beabsichtigte Vergeblichkeit, die man beim Wälzen der zwei Banken ja nicht unterstellen wolle. Herr B. hält übrigens auch diese Kolumne für eine Sisyphos-Arbeit, glaubt aber nicht, dass ihr Autor wider die Götter gefrevelt habe. Für so viel gute Meinung sei er herzlich bedankt.

GEFLÜGELTE WORTE neigen dazu, im Alltagsgebrauch ein Eigenleben zu entwickeln, für das sie nicht geboren wurden, etwa wenn der Lehrer einen Spickzettel entdeckt und zum Schüler sagt: „Sieh da, sieh da, Timotheus!" Bei uns wurde kürzlich über die flüchtige Zeit räsoniert und zur Untermauerung dessen behauptet, Faust habe den Augenblick angebettelt: „Verweile doch, du bist so schön." Diesen Augenblick nutzte Leser R., um aus Faust I (aus Faust II übrigens auch, aber das führt hier zu weit) heraus zu belegen, dass der Doktor Faust den Augenblick keineswegs anfleht dazubleiben, sondern dass er ihn von Herzen verachtet: Sollte er je zu ihm „Verweile doch usw." sagen, dann möge ihn der Teufel holen. Wie man sieht, kennt Herr R. seinen Goethe. Möglicherweise hat er, ehe er die Mail schrieb, sogar für sich gesagt: „Wohl kenn' ich Irlands Königin."

DIE SORGE um Firmen, die verkauft werden sollen, nimmt uns oft so mit, dass wir auch sprachlich ins Zittern kommen. Im Fall Karstadt führte das zu folgendem Wunsch: Es sei zu hoffen, dass die Firmenjäger nicht „nur deshalb den Hut in den Ring geworfen haben, um ein wenig ins Rampenlicht zu rücken". Bis hierher war das eine astreine Kommentierung, doch dann setzte der Autor – vielleicht war es aber auch sein Gegenleser – den Titel „Rein ins Rampenlicht" darüber und verlockte damit Leser K. zu der Vermutung, dass sich wohl keiner dreckig ins Rampenlicht begeben wolle. Wir halten fest (und haben uns das von ausgewiesenen Rampensäuen bestätigen lassen): In die gute Stube geht es *rin*, ins Rampenlicht *raus*. Rein und raus geht es, um nur ein Beispiel zu nennen, bei den Kartoffeln.

IN „SCHWEREM WASSER“ sah ein Kollege unlängst die Bundeskanzlerin, in jenem Deuteriumoxid also, das wegen seiner guten Bremswirkung und der nur geringen Absorption für Neutronen der beste Moderator für Kernreaktoren ist. Leser W. hingegen weiß, wo Frau Merkel wirklich ist: in schwerer See, umtost von schwerem Wetter.

DA FLUGZEUGE sich ihrer Natur nach in der Luft bewegen, hält Leser B. den im Fall des missglückten Anschlags von Detroit allerorten verwendeten Ausdruck „in die Luft sprengen“ für verfehlt. Gut beobachtet, möchte man sagen, und nicht ohne schwarzen Humor! Nichtsdestoweniger sei Herr B. daran erinnert, dass auch jemand, der an die Luft gesetzt wird, bisher schon von dieser umgeben war, und dass einer, der nur noch von Luft und Liebe lebt, vorher ebenfalls schon geatmet hat, wenn auch vielleicht weniger hektisch. Selbst die gesiebte Luft in den Gefängnissen ist nicht wörtlich zu nehmen: Den Insassen kommt sie so kompakt vor, als sei sie nie durch ein Sieb gegangen.

DER BUNDESPRÄSIDENT ist kein Redaktionsmitglied der *Süddeutschen Zeitung*, weswegen auch sein Sprachgebaren in dieser Kolumne normalerweise nicht erörtert wird. Nun trifft es sich aber, dass sowohl Horst Köhler als auch ein Kollege ein umstrittenes Wort verwendeten, und so sei denn das Staatsoberhaupt heute kurz mit ins Boot genommen. Es geht um den „Lackmustest“. Bei uns hieß es, die Steuerfrage sei „der Lackmustest für diese Koalition“, und Köhler sagte, die

Entwicklung der Hochschulen sei „ein Lackmustest dafür, wie ernst wir es wirklich meinen mit dem Ziel: der Zukunftsfähigkeit unseres Landes". Im ersten Fall sah Leser Dr. Sch. „naturwissenschaftliche Unkenntnis" walten, im zweiten Fall wandte sich Leser W. direkt an den Präsidenten, dem er einen „sprachlich-säuerlichen Fehlgriff" ankreidete und riet, sich von dieser „Ignorantenmetapher" fernzuhalten. Die Beliebtheit der Metapher lässt auf ziemlich viele Ignoranten schließen; ihnen allen sei mit Dr. Sch.'s Definition ausgeholfen, wonach der Lackmustest „darüber Aufschluss gibt, wie sauer oder alkalisch ein wässriges Medium reagiert". Freilich, so recht die Naturwissenschaftler haben, so wenig scheren sich die Wörter darum. Aus dieser Lässigkeit heraus ist dem Lackmustest eine ähnliche Sprachkarriere gelungen wie dem Quantensprung, der ja im Alltag auch weit jenseits seiner eigentlichen Bedeutung verwendet wird: als Bild für einen gewaltigen Fortschritt. Weniger bekannt als diese beiden ist, in sachlicher wie sprachlicher Hinsicht, die Blaupause. Das Technik-Lexikon führt sie als „Lichtpause von transparenten Originalen, die ohne den Umweg über ein Negativ gewonnen wird". Leser P. ist über die Stelle gestolpert, in der Rot-Rot-Grün als mögliche „Blaupause für die Bundesrepublik" in Erwägung gezogen wurde. Wenn, so P., damit „Vorbild" oder „Vorlage" gemeint sein sollte, wäre die Blaupause die schlechtestmögliche Metapher, da sie in der Realität ja das genaue Gegenteil ist, nämlich die Kopie eines Originals. – NACHTRAG. Diese Glosse erschien kurz vor Weihnachten, weswegen alle Geistlichen eindringlich davor gewarnt wurden, in ihren Festpredigten Weihnachten als Blaupause, Lackmustest oder gar Quantensprung zu bezeichnen. Ob sie sich daran gehalten haben?

WENN EINER WIE MURDOCH noch mehr als bisher verdienen will, liegt es nahe, den Bericht darüber mit der Überschrift „Der alte Mann und das Mehr" zu versehen, und so geschah es auch bei uns im Blatt. Alsbald aber meldete sich ein Kollege und wies auf die inflationäre Verwendung dieses Wortspiels in der Presse hin. Die Archivdurchsicht ergab für die letzten zwanzig Jahre in der SZ freilich nur diesen einen Fall, dazu zweimal den alten Mann und das Heer. Wir stehen in dieser Hinsicht also ganz gut da, und weil wir schon dabei sind, melden wir gleich Titelschutz an für „Der alte Mann und das Wehr“ und „Der alte Mann und der Teer“. Fehlen nur noch die Texte dazu.

WAS EIN STUMPFES SCHWERT noch bewirken kann, ist in Fontanes Ballade „Swend Gabelbart“ nachzulesen. Dieser Gabelbart, König von Dänemark, eroberte England und kam dabei auch in die Abtei St. Edmund, wo er in einer Nische das Standbild Edmunds sah und seinen Spott damit trieb, besonders mit dessen stumpfem Schwert. Man ahnt, wie das ausgeht. Edmund steigt – „tapp und tapp“ – von seinem Podest und bietet Gabelbart den Kampf an, mit fatalen Folgen für den Dänen: „Das stumpfe Schwert, es traf ihn gut, / Swend Gabelbart liegt in seinem Blut.“ Nun haben wir es hier freilich mit einer Ausnahme zu tun; generell ist die Metapher vom „stumpfen Schwert“ (des § 113 GG, der Kritik, der Leitzinssenkungen, um drei Beispiele aus der Tagespresse zu nennen) schon ganz brauchbar. Bei uns allerdings wurde im Zusammenhang mit dem Fall Polanski die Frage gestellt, ob man „mit dem stumpfen Schwert einer späten juristischen Aufarbeitung nachkarten“ solle. Solle man nicht, meint Leser Dr. B. und verweist auf den Zahn der Zeit, der schon so manche Träne getrocknet hat. Für den alten Swend Gabelbart kommt auch das zu spät.

IHREN STÄRKSTEN AUFTRITT hat die Hutschnur in Schillers „Räubern“, wenn Franz Moor (die Kanaille, richtig) sich selbst in die Hölle befördert. „Er reißt“, wie es in der

Regieanweisung heißt, „seine goldene Hutschnur ab und erdrosselt sich“, eine Tat, die den Räuber Schweizer, der ihn lebend zu seinem Hauptmann Karl Moor hatte bringen wollen, so verdrießt, dass er seinerseits „sich vor die Stirn“ schießt. Mit einiger Untertreibung könnte man sagen, der Selbstmord Franzens sei ihm über die Hutschnur gegangen. Womit wir bei den Lesern Dr. R. und H. wären, denen ebenfalls etwas über die Hutschnur ging, nämlich dieser Satz aus einem Bildtext: „Als aber Nadjas Cousins vor der Tür stehen, platzt John erneut die Hutschnur.“ Vor solch verdrehten Metaphern – etwa „Morgenstund ist aller Laster Anfang“ – ist niemand ganz sicher, und genau das widerfuhr Herrn H., als er die geplatzte Hutschnur ironisch kommentierte: „Da kann einem aber schon der Kragen reißen.“ Das freilich tut der Geduldsfaden, und ob dieser als Hutschnur geeignet wäre, kann mit letzter Gewissheit nur eine Modistin sagen.

ETWAS SEHR ÄHNLICHES hat Leser Dr. L. in der Dachzeile der letzten Wochenendausgabe gefunden: „Wie der britische Spesenskandal aufflog.“ Seinem Verständnis nach fliegt nicht der Skandal auf, sondern der Täter oder, wie wir unter Berufung auf den Duden hinzufügen, die Tat: „Endlich sind seine ewigen Betrügereien aufgeflogen.“ Erst wenn dies geschehen ist, haben wir den Salat, also den Skandal.

PREISFRAGE, DIE ERSTE. Zu den besseren journalistischen Notbehelfen gehört der Schluss „Aber das ist eine andere Geschichte“, besser deswegen, weil er etwas dichterisch Raunendes an sich hat. Weiß jemand, wer diesen Schluss erfunden hat? Unsere Suche ist über das ergreifende Ende von Fjodor Dostojewskis Roman „Schuld und Sühne“ – „Aber hier beginnt bereits eine andere Geschichte …“ – leider noch nicht hinausgelangt. Was es zu gewinnen gibt? Das ist ebenfalls eine andere Geschichte.

PREISFRAGE, DIE ZWEITE. Vor etwa vier Wochen fragten wir unsere Leser, ob sie wüssten, wo der Satz „Aber das ist eine andere Geschichte“ erstmals vorkommt. Unsere eigene Recherche hatte sich bei Dostojewskis Roman „Schuld und Sühne“ festgefahren, dessen Schlussabsatz so ähnlich beginnt. Die meisten Zuschriften nannten als Quelle den Wirt Moustache aus Billy Wilders Film „Das Mädchen Irma La Douce“. Die daraus resultierende Zweitfrage, wann und wo Dostojewski diesen Film gesehen hat, sei hiermit an die Literaturgeschichte weitergereicht.

WANN IMMER in einem Text mit der „Mund-zu-Mund-Propaganda“ gearbeitet wird, kommt der Leser – im aktuellen Fall Freund S. – mit dem Hinweis, dass das „Mundpropaganda“ heißen müsse, allenfalls „Mund-zu-Ohr-Propaganda“, und dass sonstige Mund-zu-Mund-Aktivitäten unter Fremden zu unterbleiben hätten. Dazu bietet sich ein beherztes Jein an, weil es einerseits richtig ist, dass die Propaganda vom Mund zum Ohr läuft. Andererseits ist die Wendung „von Mund zu Mund“ so alt wie die Propaganda, wenn nicht älter; sie nennt die Hauptakteure, und das Ohr spielt ohne Gage mit. Ein Klassiker gefällig? „So gingen denn“, schreibt Karl Kraus, „in ganz Österreich Gerüchte von Mund zu Mund, die nichts Geringeres besagen wollten, als dass in Wien Gerüchte verbreitet seien, es seien in ganz Österreich Gerüchte verbreitet.“

„DOCH WIE DER WIND hinträget die Spreu durch heilige Tennen, / Unter der Worfeler Schwung, wann die gelbgelockte Demeter / Sondert die Frucht und die Spreu im Hauch andrängender Winde ...“ So heißt es in der „Ilias“, und es ist leider nicht auszuschließen, dass jüngere Leute mit dem Worfeln nichts mehr anzufangen wissen. Beim Worfeln wurde das bereits gedroschene Korn in den Wind geworfen, mit dem Effekt, dass die schweren Körner zu Boden fielen, wohingegen das leichtere Zeug, also die Grannen und Spelzen, verweht wurde. Das war die Spreu, die man aus der bedrohlichen Redewendung „Die Spreu vom Weizen trennen“ kennt, bedrohlich deswegen, weil der Evangelist damit die Sünder meint, die ins ewige Feuer geworfen werden. Unsere Anzeigenabteilung ist ein junges Team, und so kam es denn dort zu der werbenden Aussage, dass der Stellenmarkt der SZ „100 % Weizen“ und „0 % Streu“ biete. Die Streu ist aber das, was man Stalltieren als Unterlage einstreut: Stroh, Laub und so was. Leser S. äußert angesichts der Verwechslung den Wunsch, „dass Ihre besten Pferde im Stall der Anzeigentexter stets frische ‚Streu‘ unter ihren Hufen haben, damit sie wenigstens artgerecht gehalten werden.“ So sei es. Stallknecht, auf geht’s!

IM STREIFLICHT ging es dieser Tage um die Dimension des Menschen, genauer gesagt um seine äußere Abmessung. Der Autor begann den Text, wie sich das gehört, mit den Kindern, die man gern mit dem Erwachsenwerden traktiere: „Dann müsst ihr euch auf die Hinterbeine stellen und euch nach der Decke strecken.“ Offenkundig war damit gemeint, dass die Kleinen sich nach dem Plafond zu strecken hätten, also in die Höhe, während doch die Redensart „sich nach der Decke strecken“ das Gegenteil zum Inhalt hat: Wenn die Bettdecke zu kurz ist, muss man sich darunter so einrichten, dass die Füße nicht hinausragen, sondern fein warm bleiben. Wie zu fast allem, gibt es auch hierzu ein Goethe-Zitat: „Wer sich nicht nach der Decke streckt, / dem bleiben die Füße unbedeckt.“ Wie es aussieht, ist unser Streiflichtmann in einem Haushalt aufgewachsen, wo man sich hinlänglich lange Plumeaus leisten konnte. Schön für ihn, auch wenn dies eine Einbuße an Lebenserfahrung bedeutet.

WENN SCHILLER geahnt hätte, dass seine „Milch der frommen Denkart“ (Wilhelm Tell IV, 3) fast immer zur „Milch der frommen Denkungsart" gerinnt respektive ausflockt, hätte er sich vielleicht eine andere Metapher für Wilhelm Tells redliche Gesinnung einfallen lassen. Die Glossen, in denen das Nicht-Wort *Denkung* menetekelgleich aufs Papier geworfen wird, sind Legion. Umso wackerer Leser H., der sich ermannte und darauf hinwies, dass auch Hinz und Kunz keine, wie in der SZ zu lesen, „Personen mit durchschnittlicher Denkungsart" seien. Nichtsdestoweniger und als Randnotiz: So eine Missgeburt, wie man üblicherweise meint, ist die Denkungsart nun auch wieder nicht. Goethe hat sie da und dort verwendet, ebenso Kant, und aus der anerkannt souveränen Feder Lichtenbergs führt das Grimmsche Wörterbuch „das ganze Knochengebäude unserer Denkungsart". Ist eigentlich je untersucht worden, ob Schiller nicht zunächst Denkungsart schreiben wollte, dies aber im Interesse eines ruhigen Jambenflusses unterließ?

PHILOSOPHISCHES UND POLITISCHES

Wo ist man besser aufgehoben: zur falschen Zeit am falschen Ort, zur falschen Zeit am rechten Ort, zur rechten Zeit am falschen Ort oder zur rechten Zeit am rechten Ort?

EIN GANZ GROSSES FASS macht Leser B. auf, und zwar im Zusammenhang mit dem *Realitätsverlust*, der bei uns und in anderen Blättern nicht nur zu freigebig, sondern auch fälschlich attestiert werde. Realitätsverlust setzt seiner Ansicht nach eine „allein maßgebliche Realität“ voraus. Die gebe es nicht, wohl aber „so viel Realitäten wie Menschen auf der Erde“. Diese Kolumne ist zwar kein philosophisches Kolloquium, aber ein wenig wagt sie sich aus der Deckung. Wohlan denn: Wenn man unter Realität das versteht, was gemeinhin darunter verstanden wird, nämlich die Summe des in der Wirklichkeit Vorkommenden, dann kann man einem, der sich darin nicht mehr zurechtfindet, doch einen gewissen Realitätsverlust bescheinigen. Ist das richtig oder falsch? Denker, heraus!

WO DIE MÜTTER geblieben seien, wollte Leserin Dr. M. wissen, und das „mit feministischen Grüßen“. Anlass ihrer Frage waren die biographischen Hinweise, dass die Politikerin Rita Süßmuth die Tochter „eines Schulrats“ sei, Brasiliens Präsidentin Dilma Rousseff hingegen die Tochter „eines bulgarischen Einwanderers“. In der Tat haben die Väter das nicht alleine zustande gebracht. Rita Süßmuths Mutter war eine „couragierte und selbständige Frau“, die im elterlichen Uhren- und Schmuckgeschäft arbeitete (Quelle: Konrad-Adenauer-Stiftung). Dilma Rousseffs Mutter hieß Dilma Jane da Silva, war Lehrerin und stammte aus Nova Friburgo im Bundesstaat Rio de Janeiro (Quelle: Wikipedia). Dort wurde, nebenbei gesagt, auch Gustavo Nery de Sá da Silva geboren, ein Fußballer (linker Verteidiger), der bei Werder Bremen in drei Ligaspielen null Tore schoss.

WEIL WEIHNACHTEN IST und wir von den Heiligen Drei Königen immer noch nicht genau wissen, ob sie heilig, zu dritt und echte Könige waren, sei hier kurz der Rüge nachgehorcht, die uns Leserin W. erteilte. „Bitte nehmen Sie zur Kenntnis", schrieb sie, „dass Frau Marianne Sayn-Wittgenstein österreichische Staatsbürgerin ist und den Titel *Fürstin* nicht führen darf – auch wenn sie es gerne möchte." Wir nehmen das zur Kenntnis, erstens weil Frau W. selbst Österreicherin ist, zweitens weil Marianne Sayn-Wittgenstein-Sayn bei uns ausschließlich „Manni" genannt wird, und drittens weil wir hier in Bayern auch oft gescholten werden, wenn wir Gloria Prinzessin von Thurn und Taxis, geb. Mariae Gloria Ferdinanda Gerda Charlotte Teutonia Franziska Margarethe Frederike Simone Johanna Joachima Josefine Wilhelmine Huberta Gräfin von Schönburg-Glauchau, als *Fürstin* bezeichnen, obwohl ihre Ländereien ja kein Fürstentum im eigentlichen Sinn darstellen. Mutatis mutandis gilt dies auch für den Chef des Hauses Wittelsbach, Franz Herzog von Bayern. Die Sozis würden gern „Herr Bayern" zu ihm sagen, trauen sich aber nicht, die Monarchisten würden ihn gern mit „König Franz, halten zu Gnaden" anreden, dürfen das aber nicht, weswegen sie sich mit einem hastig und verschämt hingenuschelten „Knnglichoheit" begnügen. So wollen wir's auch mit den sogenannten Heiligen Drei Königen halten.

ES MAG WOHL mit so positiven Figuren wie Mutter Erde, Mutter Beimer oder Mutter Kirche zusammenhängen, dass auch die *Mutter Courage* vielerorts in besserem Ansehen steht, als sie das nach ihrer literarischen Herkunft verdient. Wie Leser S. anmerkt, war sie jedoch keine im guten Sinn couragierte Person, weswegen es auch nicht angehe, mutige Frauen der Gegenwart mit ihr metaphorisch zusammenzuzwingen. In der Tat ist, wie Herr S. schreibt, die Mutter Courage bei Bertolt Brecht „eine gewissenlose Frau, die das Leben ihrer Kinder für den Profit als Marketenderin aufs Spiel gesetzt hat", und der Doppelbeiname „Ertzbetrügerin und Landstörtzerin", den Grimmelshausen ihr anheftet, ist auch nicht gerade ein Ehrentitel.

BEVOR DIE DDR staatsrechtlich anerkannt wurde, war es üblich, bei ihrer Nennung Gänsefüßchen in die Luft zu malen oder von der „sogenannten DDR“ zu sprechen. Damals druckte ein Satireblatt ein Foto, auf dem Walter Ulbricht den Eindruck erweckte, als habe er unter dem Tisch die Hand auf Ludwig Erhards Knie, und aus dessen Mund kam eine Sprechblase mit ungefähr folgendem Text: „Walter, nimm bitte sofort deine sogenannte Hand da weg!“ Mit der DDR konnte man sich, so die Konvention, Scherze dieser Art leisten. Schwieriger wird es, wenn das „Dritte Reich“ respektive das sogenannte Dritte Reich den Hintergrund bildet. Kürzlich wurde General Rommel bei uns „Wüstenfuchs“ genannt, wohlweislich ohne Gänsefüßchen, was auf Leser Dr. S. so wirkte, als werde er von der SZ genötigt, „am Tisch der alten Kameraden Platz zu nehmen“. Das zu tun liegt uns fern, und darum werden wir Erwin Rommel, der ja kein echter Wüstenfuchs (*Vulpes zerda*) war, künftig nur noch als sogenannten Wüstenfuchs, als *Wüstenfuchs kursiv* oder als Fuchs in Gänsefüßchen auftreten lassen. Wo der „Wüstenfuchs“ durch die Texte schnürt, ist die „Reichskristallnacht“ nicht weit, und bei ihr wird es noch ein wenig schwieriger. Zum einen liegt das an dem Terminus selbst, der die Schrecknisse jener Novembernacht ja auf einen grausig heiteren Nenner bringt, indem er einerseits das Scherbenchaos euphemistisch hinter dem feinen Wort *Kristall* verbirgt, andererseits mit Nazititeln wie „Reichsjägermeister“ oder „Reichsnährstand“ seinen nur allzu berechtigten Spott treibt; man gedenke bei der Gelegenheit der „Reichswasserleiche“ Kristina Söderbaum und des „Reichstrunkenbolds“ Robert Ley, den sie wahlweise auch „Immerblau“ nannten. Leser H., der sich für den Begriff „Novemberpogrome“ (alternativ: „Novemberpogromnacht“) starkmacht, hält die „Reichspogromnacht“ für eine „pseudo-korrekte Hybridbildung“ und für „unsäglich“. Er vertritt den Standpunkt, wonach die „Reichskristallnacht“ eine zynische Erfindung der NSDAP-Propaganda gewesen sei.

In diesem Punkt gehen die Meinungen getrennte Wege; als Urheber des Wortes wurden auch schon der Berliner Volksmund und der Kabarettist Werner Finck genannt. Die FAZ definierte es einmal als „grimmig-politisches Witzwort, das im Nu im Volke umlief und treffend den einen Kern der Sache enthüllte: die Lüge vom spontanen Volkszorn". In der SZ plädierte Friedemann Bedürftig auf ähnlicher Basis gegen die Verwendung von *Pogrom*: Der Begriff „hat etwas von Naturereignis und anonymisiert die Verbrecher".

WISSENSLÜCKEN sind peinlicher als Druckfehler, meint Leser G. und weist darauf hin, dass die Tuareg zwar als Volk so heißen, dass es aber den einzelnen Tuareg, wie er bei uns vorkam, nicht gibt. Im Singular heißen die Tuareg Targi (männlich) und Targia (weiblich), und wenn man es ganz genau nimmt, ist auch die Bezeichnung Tuareg unkorrekt. Sie selbst nennen sich je nach Heimatgebiet Imajeghen, Imuhagh und Imushagh, wobei das gh laut Wikipedia „als gerolltes/gegurgeltes r" ausgesprochen wird. Im Übrigen, fügt Herr G. hinzu, tragen die Tuareg auch keinen Turban, sondern einen Wickelschleier namens Litham. Wikipedia weiß dazu, dass der Schleier auch Tagelmust heißt, mit Indigo gefärbt ist und auf die Gesichtshaut abfärbt, was den Tuareg den Beinamen „blaues Volk" oder „blaue Ritter der Wüste" eingetragen hat.

WENIGER VERWIRRT als verärgert reagierte Leser H. darauf, dass die Tea-Party-Aktivistin Diane Black als „pummelige Frau im feuerroten Kostüm" und als „die Frau mit den blondierten Locken" beschrieben worden war. Seiner Ansicht nach wird da Meinungssteuerung betrieben, weil der Autor den Lesern auf dem Umweg der präzisen Schilderung suggeriert, dass die Dame geistig unbeweglich (pummelig), aggressiv (feuerrot) und nicht authentisch (blondiert) sei. Herr H. dringt deswegen auf strikte Trennung von Bericht und Wertung. Bei aller Sympathie für diese Forderung ist doch daran zu erinnern, dass es journalistische Formen gibt, in denen die Vermischung der Sphären erlaubt, ja fast geboten ist und in denen der Verfasser aus seinem Herzen keine Mördergrube zu machen braucht. Zum anderen: Was, wenn der Text ohne die inkriminierten Attribute geschrieben, dafür aber mit einem Foto angereichert worden wäre, das eine blondierte, pummelige Frau im feuerroten Kostüm gezeigt hätte? Und schließlich: Geht von den drei Adjektiven wirklich die Meinungssteuerung aus, der Herr H. sich ausgesetzt fühlt? Unsere Gewissenserforschung dauert an.

DIE GLAUBENSFERNE, die der Papst oft beklagt, wirkt auch in unsere Redaktion hinein, leider sogar bis ins Streiflicht, das sich an Glaubensstärke sonst nicht leicht übertreffen lässt. Kürzlich schrieb dort ein Kollege, dass am Weißen Sonntag die Täuflinge hell gekleidet gewesen seien und dass man am Gründonnerstag außer Spinat auch Kohl und Erbsen gegessen habe. Unser Leser K. findet diese Farbenlehre – nettes Wortspiel – „ *grau*enhaft“ und erinnert daran, dass der Weiße Sonntag das Fest der Erstkommunionkinder war, ist und sein wird; auch habe man am Gründonnerstag weder Kohl noch Erbsen gegessen, weil diese Gemüse so früh im Jahr noch nicht verfügbar waren. Kleine Fußnote: Wer am Gründonnerstag eine Kräutelsuppe macht, sollte den Deckel auf dem Mixer gut festhalten, sonst ergeht es ihm wie dem Verfasser dieser Zeilen, der die Küche nach der Eruption beinahe grün hätte streichen müssen.

KÜNSTLICHE HÜFTGELENKE können einem Menschen sehr helfen, ihn aber auch ziemlich aus der Bahn werfen. Der Kollege, der seine Operation schilderte, hatte sich im Krankenhaus ein Einzelzimmer geben lassen, „denn allein die Vorstellung, einen Handwerksmeister als Bettnachbarn zu haben, wäre ein Grund gewesen, für den Rest des Lebens weiter zu humpeln“. Seiner Ansicht nach ersäufen einen Handwerksmeister „in einem lingualen Tsunami“ mit ihrem Alltagskram, schauen tagsüber den Sportkanal und geben nachts Geräusche „wie ein auf die Autobahn geworfener Dudelsack“ von sich. Leserin F. dazu: „Hoffentlich braucht der Herr nie einen Handwerker.“ Wir meinen: hoffentlich schon, und zwar einen, der dies gelesen hat.

TEXTE GUT ZU BEBILDERN, ist mitunter ein hartes Brot. Als berichtet wurde, dass Barack Obama den Millionären und Milliardären ans Geld wolle, wählte man zur Illustration ein Foto, das eine Golfspielerin beim Abschlag zeigt. Ist sie wirklich eine Millionärin, gar eine Milliardärin? Oder wollte der Bildredakteur, aus Sozialneid, nur den Golfspielern eins auswischen? Im Text dazu hieß es, Obamas neues Geld solle „auch von Millionären kommen, die etwa Golf spielen“, was Leser K. zu der Frage animierte, ob es auch die Steuerzahler treffe, „die einfach nur etwa atmen“.

DOPPELT GENÄHT hält angeblich besser, doch muss das nicht für alles und jedes – auch so eine dubiose Doppelung – gelten. Leser Dr. P. findet, dass das besonders auf den „auch in Ihrer Zeitung häufig zu lesenden“ Spruch *zur falschen Zeit am falschen Ort* zutrifft. Mit der Häufigkeit verhält es sich so, dass die Redensart seit Januar 2000 bei uns 208-mal verwendet wurde, bei uns und den in unserem Archiv greifbaren anderen Medien 892-mal; Google bringt dafür gut eine halbe Million Treffer. Wir haben zwei Stichproben gemacht. Fall eins: Im August 2002 sprach der CDU-Politiker Peter Müller bei brütender Hitze im nur dünn besetzten Dießener Festzelt. War er deswegen, wie unser Blatt schrieb, „zur falschen Zeit am falschen Ort“? Wohl nicht: Der Ort war goldrichtig, er hätte nur vielleicht erst in der Kühle der Nacht reden sollen. Fall zwei: Wer „atemberaubende Seriendesigns erwartet, war“

der *Berliner Zeitung* zufolge „bei Wolfsburger Neustarts immer zur falschen Zeit am falschen Ort". Auch das stimmt nicht ganz, denn wenn Wolfsburg wirklich der falsche Ort für Atemberaubendes ist, dann ist man dort doch zu jeder Tages- und Nachtzeit richtig. Wie es aussieht, wird die Floskel selbst öfter als nötig zur falschen Zeit am falschen Ort verwendet, bleibt sich also insofern selber treu.

AUCH SPITZFINDIGKEITEN sind uns willkommen, so etwa die Verwunderung des Lesers M. darüber, dass ein verurteilter „Nazi-Mörder" in einem italienischen Supermarkt Prosecco habe einkaufen können. „Wie viele Nazis", fragte er, „hat der Prosecco-Käufer ermordet?" Das bringt uns zur Lehre von den Komposita, näherhin zu dem, was uns deren Bestimmungswort sagen will. Beispiel: Beim *Regenmantel* gibt es den Zweck an (ein Mantel gegen den Regen), beim *Ledermantel* hingegen das Material (ein Mantel aus Leder). Auf die Mörder angewandt, kann das Bestimmungswort Folgendes verraten: den bevorzugten Schauplatz (Taximörder), das Werkzeug (Mistgabelmörder), die liebste Zeit (Novembermörder), die Art und Weise (Meuchelmörder), das oder die Opfer (Vater-, Kindsmörder) oder die Qualifikation (Serienmörder). Auf die organisatorische Zugehörigkeit verweisen Komposita wie SS-, Mafia- und Nazi-Mörder. Zu letzteren gehört unser Prosecco-Käufer, wobei wir bei *unser* doch lieber Gänsefüßchen in die Luft zeichnen.

WENN EIN GEBILDE wie Jugoslawien zerfällt, kann nur Unordnung herauskommen, und genau das passierte jetzt, Jahre nach der Auflösung, von neuem, diesmal allerdings nicht auf dem Balkan, sondern in einem Bericht über Boris Becker in seiner Rolle als Retter einer maroden Schule in Berlin-Friedrichshain. Darin war auch die Rede von der Bosnierin Asima und dem Albaner Bemir, die insgeheim auf dem Schulflur herumknutschen. Warum sie das tun? Weil „Asimas Vater keinen Bosnier für seine Tochter will“. Herr M., der das gelesen und volkszugehörigkeitstechnisch überdacht hat, kommt zu dem Ergebnis: „Na, dann ist doch alles in Butter.“

ALS ZYNISCH stuft Leserin Dr. H. die Überschrift „Streit um Kunden der City BKK beigelegt“ ein: Es habe da ja niemand um die Kunden der maroden Krankenkasse gerungen, sondern im Gegenteil habe sie niemand haben wollen. Eine noble Ansicht, der man allenfalls dies entgegenhalten könnte: Auch „des Kaisers Bart“ will keiner haben; trotzdem wird ohne Ende „um“ ihn gestritten.

OB AUCH PYGMÄEN künftig für die Wehrbereitschaft unseres Heers stehen, wollte Dr. H. wissen, nachdem er gelesen hatte, dass die Bundeswehr unter anderem 5000 „Kurzdiener“ zu beschäftigen gedenke. Auch ohne mit Verteidigungsminister de Maizière Rücksprache genommen zu haben, können wir das verneinen. Im übrigen ist der Kurzdiener nicht unsere Erfindung. Er ist, vergleichbar mit dem an sich unvergleichlichen österreichischen Präsenzdiener, ein Geschöpf der Wehrverwaltung. De Maizières Vorgänger zu Guttenberg sagte einmal, dass „ein Streitkräfteumfang in einem Korridor von 180 000 bis 185 000 Soldaten, einschließlich freiwilliger Kurzdiener“, den sicherheitspolitischen Anforderungen Rechnung tragen könne. Wieso die Soldaten „Korridor“ genannt werden, wissen wir nicht, wohl aber, dass sich das „kurz“ im Kurzdiener nicht auf die Körpergröße bezieht, sondern auf die Dauer des Dienstes.

DIE KOLLEGEN VOM SPORT haben es nicht leicht, weil sie das ewig Gleiche, nämlich Höchstleistungen, so übermitteln müssen, als passiere da stets etwas Neues. Als Geoffrey Mutai den Boston-Marathon in 2:03:02 Stunden gewann, unterstellte unser Mann an der Rennbahn den Experten, dass sie an schneller laufende Uhren glaubten – eine Fehleinschätzung, für die er von Leser W. zu einer Strafrunde verdonnert wurde. Ein verwandtes Phänomen beschert uns zweimal im Jahr die Zeitumstellung, bei der ebenfalls die wenigsten wissen, ob das Vor- bzw. Zurückstellen der Uhr die Nacht länger oder kürzer macht. Herr W.: „Wenn die Uhr schneller läuft, zeigt sie keine kürzere Zeit an, sondern eine (vermeintlich) längere." Interessant wäre in diesem Zusammenhang die Klärung folgender Frage: Was geht in der Uhr vor, wenn einem „die Zeit davonläuft"? Läuft sie da schneller oder langsamer? Und ferner: Wohin läuft die Zeit, wenn sie davonläuft? Doch am Ende nicht nach Boston, zum Marathon!

ALS „SEHR ÄRGERLICH" empfindet Leser R. die Verwendung des englischen Wortes *queer* in dem deutschen Feuilletontext, in dem von einem „queeren Dance-Projekt", von der „queeren Subkultur" und von der „queeren Community" die Rede war. Dem Sprachlabor ergeht es bei Einreden dieser Art wie seinerzeit Petula Clark in dem Schlager „Monsieur": „Mein Herz sagt ja, doch mein Verstand sagt nein." Das Adjektiv *queer* führt nämlich ein Doppelleben. Zum einen bedeutet es *seltsam* oder *verschroben*, in Verbindung mit *in the head* sogar *plemplem*. Zum anderen bedeutet es, und zwar abfällig, *schwul*, doch ist es sowohl dieser Bedeutung als auch der Abfälligkeit offenbar längst entwachsen. Mangels eigener Kompetenz stützen wir uns hier auf den einschlägigen Wikipedia-Artikel, aus dem hervorgeht, dass *queer* seine neue Karriere zwar als Schimpfwort begann, dass es in den achtziger und neunziger Jahren den damit Bezeichneten aber gelang, das beleidigende Adjektiv im öffentlichen Diskurs einer Umwertung zu unterziehen, politisch positiv zu besetzen und in der Sprache neu zu positionieren. In dieser Rolle steht es nun für die Überzeugung, dass der Zwang zur Heteronormativität aufgelöst gehört, dass es Menschen erlaubt sein muss, ihr Leben mit unterschiedlichen Geschlechtsidentitäten in Frieden zu leben. Das und mehr steckt in *queer*, und wie es aussieht, gibt es dafür im Deutschen kein vergleichbar bündiges Äquivalent.

DAS RÄTSEL NORDKOREA ist um eine Nuance reicher. Wie ist man dort? „Man ist klaustrophob und hält sich bedeckt", hieß es in einem Korrespondentenbericht, und Leser Dr. S. riet uns, diese Diagnose zu überprüfen. Sie ist weiß Gott undurchsichtig, jedenfalls so lange unklar bleibt, wer mit „man" gemeint ist. Klaustrophobie ist die Angst vor geschlossenen Räumen, es kommt zu Hyperventilation und Schweißausbrüchen. Unter dieser Angst leidet in Nordkorea die Bevölkerung, der es lieb wäre, sich nicht bedeckt halten zu müssen. Anders das Regime. Das hält sich in der Tat so bedeckt, wie man sich nur bedeckt halten kann, doch im Gegensatz zum Volk scheint es den geschlossenen Raum zu mögen und als sein eigentliches Biotop zu betrachten. Wie es aussieht, handelt es sich um den derzeit schwersten Fall von Klaustrophilie weltweit.

WENN WIR SCHON MAL gelobt werden, wollen wir das auch gebührend herausstellen. Leser B. findet es phantastisch, dass ein Kollege nicht nach allgemeiner Sitte bzw. Unsitte „atemberaubend" geschrieben habe, sondern „atemraubend", was einzig richtig sei und trotzdem nicht einmal mehr im Duden vorkomme. Leider hat sich die Sprachgemeinschaft anders entschieden, wie eine Internetsuche belegt, die für *atemberaubend* 442 000 Treffer bringt, für *atemraubend* jedoch nur 25 700. Man muss übrigens den Duden in Schutz nehmen. Dessen zehnbändige Ausgabe erwähnt *atemraubend* sehr wohl, zwar mit Hinweis auf *atemberaubend* als das Haupt-Lemma, aber immerhin mit einem Zitat von Musil: „Arnheim erzählte zuweilen atemraubend interessant."

SO TODTRAURIG es in der Sache ist, so wenig kann man übergehen, was Leser Sch. moniert. Er hält es für „unseligen Sprachgebrauch“, im Fall der ermordeten Ursula H. immer wieder hyperkorrekt von der „damals Zehnjährigen“ zu schreiben, was zwingend zu der Frage führe, wie alt das Mädchen denn heute sei.

WER BESTIMMT, welche Begriffe diskriminierend sind? Leser O. fragt dies anlässlich eines Prozesses, in dem ein Vermieter verurteilt wurde, weil er einen wohnungssuchenden Afrikaner „Neger“ genannt hatte. Unseres Wissens bestimmt das keine Institution, ein Bundeswortwart oder so wer, sondern die Sprachgemeinschaft in eigener Autonomie, wobei es die Justiz ist, die mit Urteilen wie dem genannten auf diesem ebenso weiten wie unübersichtlichen Feld immer wieder Orientierungspflöcke einschlägt.

DER PLAUDERTON, in dem sich Kolumnen wie diese am sichersten bewegen, eignet sich nicht für jedes Thema und schon gar nicht für das, auf das uns unser Leser E. dieser Tage gestoßen hat. Es geht ihm um die Floskel *regelrecht hingerichtet*, die sich nicht nur bei uns im Blatt oft und oft findet und mit der fast immer eine Tat bezeichnet wird, die alles Mögliche ist, nur keine regelrechte Hinrichtung. So gut wie immer handelt es sich dabei um grausige Morde, und wenn der Eindruck nicht trügt, soll durch die Redewendung regelrecht hingerichtet entweder die außerordentliche Rohheit oder die, mit Verlaub, hohe Professionalität der Mörder herausgestrichen werden. Nun war ja das amtliche Befördern vom Leben zum Tod wirklich keine Sache für Amateure, mag sich gleich der eine oder andere Henker dabei manchmal so unbeholfen angestellt haben, dass selbst der Delinquent ihn zu mehr handwerklicher Sorgfalt ermahnen musste. Immer aber hatte die Hinrichtung einen Urteilsspruch zur Grundlage, der das Geschehen legitimierte, und schon aus diesem Grund sollte man gemeinen Morden den Titel regelrechte Hinrichtung vorenthalten.

BARACK OBAMA macht den Eindruck eines impulsiven Mannes, dem ohne weiteres zuzutrauen wäre, dass er tut, was in einer Überschrift so beschrieben wurde: „Obama reicht Teheran die Hand." Andererseits ist dieses Teheran eine Millionenstadt, und so gesehen, kann man Leserin W. nur schwer widersprechen, wenn sie meint, dass in dem Fall die sonst durchaus übliche Vermenschlichung einer Metropole übertrieben sei und der Händedruck möglicherweise zu schweren Verrenkungen beim Präsidenten der Vereinigten Staaten von Amerika führen könnte. Richtig funktioniert dieses Muster wahrscheinlich nur, wenn die Partner der gleichen Kategorie angehören, beispielsweise so: „Washington reicht Teheran die Hand." Das klingt vernünftig und ist auch in der Sache besser, als wenn Washington Teheran dauernd mit dem Zaunpfahl winkt.

AUCH DIE FAKTEN SOLLTEN STIMMEN

Wissen Sie, wie lange ein Lichtjahr dauert? War Sokrates ein Schuster oder nicht? Ist die Kuppel des Petersdoms nach dem Muster einer Häkelmütze gestrickt?

SCHUSTER, BLEIB bei deinem Leisten! Nie war dieses Sprichwort besser am Platz als bei dem Streiflicht, das sich unlängst vermaß, die größte Häkelmütze der Welt mit der Kuppel des Petersdoms zu vergleichen. Der Autor behauptete, dass eine Kuppel von unten her gebaut werde, eine Mütze hingegen von oben her. Er zog sich damit eine Rüge der Leserin K. zu, die weiß, dass man beim Bau solcher Gewölbe, sie seien nun aus Stein oder Wolle, immer unten beginnt. Unsere Handarbeitsredaktion bestätigt das. Eine Mütze ist nichts anderes als ein sich nach oben verjüngender Schlauch. Man beginnt beim Häkeln mit ein paar gleichbleibenden Runden in der Länge des Kopfumfangs. Danach wird der Schlauch durch systematisches Abnehmen von Maschen verengt und am Ende vernäht. Bei der Kuppel des Petersdoms ging das ganz ähnlich.

ÄHNLICH SCHWACH WIE IM STRICKEN sind wir im Rechnen. Leser K. rügt die Definition, etwas sei „fünfmal kleiner" als etwas anderes. Dergleichen gehe nur in der Gegenrichtung: Wäre Goliath fünfmal größer als David gewesen, wäre er sechsmal so groß gewesen (1 Ur-David + 5 weitere). Bei der Verkleinerung hingegen sei nach dem ersten Mal schon nichts mehr da, danach gehe es in die Antimaterie, die aber wiederum Materie erzeuge, wodurch man am Ende dreimal mehr als vorher habe. Dies ist keine Mathematikkolumne, doch wir geben das mit den Größen und Materien gern weiter und hoffen im Übrigen, dass das Neue Jahr ein- bis zweimal besser wird als das nun so zügig dahinschwindende.

„BEIM FEUILLETON kapiert das niemand", schreibt uns Leser St. Mit „das" meint er die Tatsache, dass die Einwohner von Zürich keine „Züricher" sind, sondern „Zürcher", ungeachtet dessen, dass Gottfried Keller, ein Zürcher immerhin, seine Zürcher Novellen als „Züricher Novellen" herausbrachte (im Text ist dafür immerhin von „zürcherischen Genies" die Rede). Herr St. hat recht, man denke nur an Monumente wie die Zürcher Bibel, die Zürcher Kantonalbank, die *Neue Zürcher Zeitung* oder „Die Zürcher Verlobung“, Letztere mit Liselotte Pulver, Paul Hubschmid und Bernhard Wicki als „Büffel“. Offenbar lockert sich dieses Gesetz, je weiter das Zürcherische um sich greift. Das wiederum belegt ein anderes Monument: das Züricher Geschnetzelte, zu dem man freilich Zürcher Rösti serviert.

IN KRASSER, den Leser B. irritierender Ballung eines diffizil verzweigten Sachverhalts war kürzlich zu lesen: „Die Verfassungsrichter bleiben gentechnisch unverändert.“ Für die Richter ist das ebenso gut wie für uns, allenfalls für die Firma Monsanto könnte es eine Herausforderung sein.

WAS FÜR MASCHINEN das seien, die bei der Notlandung von Flugzeugen zu Boden gehen, will Leser B. wissen: das ganze Flugzeug oder nur das Triebwerk? Die Frage bietet eine willkommene Gelegenheit, sich an Bronners und Qualtingers legendäres Lied vom „Halbwilden“ zu erinnern, das den „Marlon Brando mit seiner Maschin“ als Idol einer desolaten, ziellosen Generation vorstellte. Damit war natürlich nicht der Viertakt-Ottomotor gemeint, sondern das ganze Kraftrad. Ebenso verhält es sich mit den Flugzeugen, weswegen man auch sagt: Meine Maschine hat Verspätung. Dass die Triebwerke dann nicht eher kommen, versteht sich von selbst.

UND DIE AL-QAIDA? Sie steht, so wie sie hier steht, falsch da, denn das „al“ ist gleichbedeutend mit dem Artikel „die“. Wir bauen also eine Doublette, wenn wir „die al-Qaida“ sagen, weil Leser V. zufolge „al-Qaida“ allein schon „die Basis“ heißt. Karl-May-Leser wüssten das angeblich. Wikipedia-Leser wissen übrigens auch etwas: Dass al-Qaida bei langer und betonter Aussprache des „i“ so viel wie „die Partnerin“

bedeutet und dass man in der arabischen Welt herzlich lacht, wenn man Westler so reden hört.

KRANKHAFTE ANGLOPHILIE attestiert uns Leser Dr. A., und er stützt sich dabei auf die in der SZ übliche Schreibweise „al-Qaida“, bei der er das im Deutschen unübliche „Q“ gern durch das altbewährte „K“ ersetzt sähe. Da wir so eine Diagnose und den sie ergänzenden Vorwurf der „Anglizismusverblödung“ nur ungern auf uns sitzen lassen, ziehen wir zur Entlastung zunächst den Duden heran, der *al-Qaida* ebenso gelten lässt wie *Al Kaida* und *El Kaida*. Herr A. wird nun einwenden, dass der Duden kein Gesetzesblatt sei, sondern nur ein Registrator dessen, was gegenwärtiger Sprachgebrauch ist. Da hätte er recht, und darum fügen wir hier noch einiges an, was wir uns im Internet zusammengelesen haben und mangels eigener Arabisch-Kenntnisse so referieren, wie wir's uns zusammengelesen haben. Für eine korrekte Wiedergabe des arabischen Wortes hat das deutsche Alphabet demnach nicht die geeigneten Werkzeuge, besonders verfügt es über kein Pendant zum Anfangskonsonanten *Qaf*, der bekanntlich auf das alte phönizische *Qoph* zurückgeht und wie ein „Zäpfchen-k“ auszusprechen ist. Daher unsere zugegebenermaßen leicht exotische Hausschreibung, die wir im Licht des Arguments, dass wir dann ja auch „Iraq“ schreiben müssten, gern noch einmal überdenken.

12 **AL-QAIDA/-KAIDA** zum vorläufig letzten Mal! Die Frage, ob man al-Qaida oder al-Kaida schreibt, hat nicht nur bei normalen, also des Arabischen unkundigen Lesern ihr Echo gefunden. Es meldeten sich auch Fachleute, unter ihnen Professor Dr. K., der uns, was die Orientalistik angeht, schon das eine und andere Licht aufgesteckt hat. Ihm zufolge ist aus Gründen, deren Aufzählung hier zu weit führen würde, das „Q“ die wissenschaftlich wie auch historisch korrekte Wiedergabe des

arabischen *Qaf*, und so gesehen, müsste auch der Irak „Iraq" geschrieben werden. Professor K. erwähnt in dem Zusammenhang auch die ägyptische Hauptstadt al-Qahira, über die freilich das italienische Kairo den Sieg davongetragen habe, bei uns jedenfalls. Ganz anderer Ansicht ist der Kollege Ch., der den Leser im Auge hat: Diesem seien die zwei arabischen K-Laute egal, und so sollten es auch wir Schreiber halten. In altorientalischen Märchen wäre man mit der Sache spätestens jetzt zum Qadi gegangen.

DIESE RUBRIK hat die Aufgabe, hausgemachte Fehler zu erörtern, und daran hat es keinen Mangel. Manchmal grasen wir aber auch in anderen Gärtchen, besonders wenn das öffentliche Wohl es erfordert. Leser W. hat so eine Causa vorgetragen: Wieso der *Personalausweis* so und nicht *Personenausweis* heiße, wo er doch deutlicher als jedes andere Dokument auf die Person gerichtet sei, und ob wir womöglich das Personal der Firma BRD GmbH & Co. KG seien? Nun gibt es in der Tat vergleichbare Komposita, die immer aufs Personal bezogen sind: *Personalakten, -berater, -kosten* und so weiter. Andererseits weisen Wörter wie *Personalbogen, -union* oder gar *-pronomen* in eine völlig andere Richtung, und dort sehen wir auch wieder unseren Personalausweis stehen. Die Sache ist so einfach, dass wir fast vermuten, Herr W. habe sich einen Jux machen wollen. Der Personalausweis hat seinen Namen von den in ihm verewigten Personalien, ersatzweise daher, dass er laut § 1 PersAuswG „auf Verlangen einer zur Prüfung der Personalien ermächtigten Behörde vorzulegen" ist.

DIE ALTE FRAGE, ob sich der Eiserne Vorhang mit der Wende gehoben hat oder ob er gefallen ist, will Leser W. geklärt sehen. In aller Regel lässt man ihn fallen, in Analogie zur Mauer, die ja auch nach unten zusammengekracht ist. Nimmt man den eisernen Vorhang des Theaters zum Vorbild, der nach der

Vorstellung fällt und geschlossen bleibt, so hat der politische Eiserne Vorhang sich gehoben. Seitdem gibt man en suite und mit einigem Erfolg „Das wiedervereinigte Deutschland“, dessen Libretto Helmut Kohl zugeschrieben wird.

ZU MEHR VORSICHT bei Metaphern aus den Naturwissenschaften rät Leser M., und in der Tat kann man daran zweifeln, ob Müller und Klose in Bloemfontein wirklich „die Gesetze der Physik aushebelten“ oder ob sie nicht doch nur ein Tor zuwege brachten. Da unser Autor aber mal in Fahrt war, behauptete er gleich noch, dass der Ball bei dem nicht gegebenen Tor der Engländer „Galaxien hinter der Torlinie“ aufgeschlagen sei. Herr M. gibt zu bedenken, dass schon eine einzige Galaxis 18 Trillionen Kilometer misst, mehr also, als selbst in den allergrößten Toren unterzubringen wäre.

WER IM WÖRTERBUCH unter *tonnenschwer* nachsieht, wird auf *zentnerschwer* verwiesen. Das wiederum bedeutet „mit einem Gewicht von einem od. mehreren Zentnern“, woraus folgt, dass ein tonnenschwerer Gegenstand einen od. mehrere Tonnen wiegt. Insofern ist nicht völlig verkehrt, was bei uns zu lesen stand, nämlich dass der Schnellzug, durch den bei Barcelona zwölf Menschen ums Leben kamen, tonnenschwer gewesen sei: Schon der „Adler“ von 1835 hatte eine Leermasse von 11,4 t. Dennoch liegt uns kiloschwer auf der Seele, was Leser K. dazu sagt. Er sagt, man solle die Bezeichnung *tonnenschwer* realitätsnah einsetzen, beispielsweise für abstürzende Teile von barocken Kirchengewölben, nicht aber für herunterkommende Felswände oder berstende Autobahnbrücken. Im Übrigen seien, fügt er hinzu, in Spanien die Züge noch schwerer als hier, weil dort auf Breitspur gefahren werde.

DIE SPERRSTUNDE, auch Sperrzeit oder Polizeistunde genannt, hasst nicht nur der Zecher, der sich gern noch einen weiteren Absacker genehmigen würde, dessen ungeachtet aber vor die Tür gesetzt wird. Auch Sprachfreunde wie Leser H., vormals Lehrer und jetzt Hotelier, haben ihr Problem mit dieser Institution, vornehmlich dann, wenn es in der Zeitung heißt, Innenminister Joachim Herrmann wolle die Sperrzeit verkürzen. In Adelungs Wörterbuch läuft die Sperrzeit als „diejenige Zeit, da die Thore einer Stadt gewöhnlich gesperret werden", und so einen Zeitpunkt kann man ohnedies weder verkürzen noch verlängern, sondern allenfalls nach vorn oder hinten verschieben. Da freilich der Terminus Sperrzeit auch für den Zeitraum gilt, während dessen ein Lokal geschlossen hat, kann man von Verlängern oder Verkürzen sehr wohl sprechen, nur muss das sinnvoll geschehen, und bei einem wie Innenminister Herrmann kann man eine Runde Reise-Achterl drauf verwetten, dass er die Sperrzeit nicht verkürzen, sondern verlängern will.

BEIM FESTAKT zu Helmut Kohls 80. Geburtstag spielte die Deutsche Staatsphilharmonie Rheinland-Pfalz, deren Titel von unserem Korrespondenten zu „Philharmonieorchester" verdichtet wurde. Das wiederum irritierte Leser Dr. G., der bisher nur Symphonie- bzw. Sinfonieorchester kennengelernt hat. In der Tat ist der Titel Philharmonieorchester nicht sehr verbreitet, aber wenn man bedenkt, dass *philharmonisch* so viel bedeutet wie *den Wohlklang liebend*, kann man daran nichts Anstößiges mehr finden. In der englischsprachigen Welt gibt es eine Fülle von Ensembles, die sich *Philharmonic Orchestra* nennen, was allerdings meist mit *Philharmonisches Orchester* oder *Philharmonie* wiedergegeben wird. Philharmonie heißt oft auch der Raum, in dem das Orchester spielt, Symphonie so gut wie nie (aber: „Sinfonie an der Regnitz" in Bamberg).

HÖCHST VERTRACKT auch die Aussage, „dass die jungen Frauen ihren männlichen Geschlechtsgenossen bei Bildung und Ehrgeiz längst den Rang ablaufen". Leser Dr. Sch. hat im

Wörterbuch nachgeschaut und für den *Geschlechtsgenossen* herausgefunden, dass er ein Mann ist, der dasselbe Geschlecht hat wie ein anderer Mann. „Wie“, fährt er mit einiger Süffisanz fort, „kann dann aber eine Frau (auch wenn sie jung ist) einen männlichen Geschlechtsgenossen haben? Doch nur dann, wenn sie keine Frau, sondern ein Mann ist.“ So wird's wohl sein.

DIE ABFOLGE der Generationen macht immer wieder Probleme. Meistens passiert es, wenn Bezeichnungen auftauchen, die jüngeren Kollegen nicht mehr geläufig sind, so dass sie dann beispielsweise schreiben, der früheste namentlich bekannte „Nachfahre“ Karls des Großen sei Artaxerxes I., genannt Langhand, gewesen. Vollends wirr wird die Sache im ohnedies schon schwer überschaubaren Reich der Metapher. Kürzlich rekapitulierte der Sportteil die fußballerischen Beziehungen, insbesondere die Transfers, zwischen München und Stuttgart, wobei Dieter Hoeneß, der vormalige Schwabenpfeil, zur „Mutter“ all dieser Transporte erhoben wurde. Leser D. war einigermaßen irritiert, und wir mit ihm. Man muss annehmen, dass sich auch Transporte auf die konventionelle Art fortpflanzen, und wenn dem so ist, kann Hoeneß unmöglich die Mutter gewesen sein. Aber der Vater? Vielleicht, wer weiß.

PATENTAMT IM ZWIELICHT! Im Bericht über eine Babystube hieß es, deren Leiterin betreue 20 bis 25 Babys monatlich. „Außerdem verhandelt sie derzeit mit dem Münchner Patentamt und einer Kanzlei, die die Bettchen wochenweise für ihre Mitarbeiter mieten können.“ Leserin H. fragt sich nun, ob im Patentamt und in besagter Kanzlei Babys arbeiten, und zwar so hart, dass man Bettchen für sie anmieten muss.

LESER DR. V. ist beileibe nicht der Einzige, der seit Silvester/Neujahr daran erinnert hat, dass das neue Jahrzehnt erst am 1. Januar 2011 zu feiern ist. Da er aber hinzufügte, sein Hinweis klinge möglicherweise freudlos und – alles mal herhören! – „drießhüßchensjenau“, sei der Kasus nochmal festgehalten. Ende Dezember werden wir, so Gott will, drießhüßchensjenau darauf zurückkommen.

BEIM KÄMPFEN kommt es nicht nur auf Kraft, Ausdauer und Strategie an, sondern auch und sehr entscheidend darauf, dass man Freund und Feind auseinanderkennt. Als in unserem Medienteil der Sandalenfilm „300“ angekündigt wurde, geschah dies unter Zuziehung eines Fotos, das Gerard Butler als Spartanerkönig Leonidas zeigte. Der Bildtext „Kämpft gegen die 300“ führte indessen in die Irre, um nicht zu sagen in den Hinterhalt, in dem damals auch die Spartaner saßen, nachdem die Perser ihre Schlüsselstellung bei den Thermopylen umgangen hatten. Hier nochmal zum Mitschreiben: Die Schlacht fand im August 480 vor Christus statt, die Perser waren gewaltig in der Übermacht, doch Leonidas hielt sie mit seinen 300 Kämpfern eine ganze Weile auf. Legendär auch seine Antwort auf König Xerxes’ Drohung, die Pfeile der Perser würden die Sonne verdunkeln: „Dann kämpfen wir eben im Schatten.“

UNTER EINEM LICHTJAHR versteht man die Strecke, die das Licht in einem julianischen Jahr im Vakuum zurücklegt, nämlich 9 460 730 472 580,8 Kilometer. Es handelt sich also um ein Längen- und nicht um ein Zeitmaß, und insofern hätte unser Korrespondent vielleicht nicht schreiben sollen, dass die Reise von Jerusalem nach Susya zwar nur 40 Minuten dauere, die beiden Orte aber Lichtjahre auseinanderlägen. Leser Sch. weist auf die Diskrepanz hin, lässt jedoch außer Acht, dass das Lichtjahr ungeachtet seines gewaltigen Umfangs auch als kleine Metapher verwendet werden kann. Hat man in Talkshows nicht schon gehört, dass ein Diskutant zum anderen sagt, in dem oder jenem Punkt sei man noch Lichtjahre voneinander entfernt? Um mit fremder Munition nachzuladen: In der *Welt* wurde einmal behauptet, Tracht und Landhausmode seien „zwei Lichtjahre voneinander entfernt liegende Galaxien“. In Kilometern: 18 921 460 945 161,6.

DIE SHOW „HART ABER FAIR“ wirbt mit dem Slogan „Wenn Politik auf Wirklichkeit trifft“, was insofern fragwürdig ist, als ja Politik nichts per se Unwirkliches ist. Wie auch immer: Dann und wann trifft auch das Sprachlabor aufs pralle Leben, beispielsweise wenn sein Verfasser auf einer Holz-Messe gefragt wird, ob man bei der SZ jetzt völlig verrückt geworden sei. Der Zorn des Lesers gründet sich auf einen Bericht, wonach irgendwo eine Papstsäule „eingeweiht“ worden sei, während doch jedermann wisse, dass eine Papstsäule kein Gebäude sei, das man betreten könne. Man könne aber nur Objekte, in die man hineingehen könne, auch einweihen – alles andere könne man nur weihen. Die Archivrecherche hat zwar für die letzten neun Jahre keinen entsprechenden Artikel erbracht, aber es wurden in der Tat neben unzähligen Kirchen, Sportplätzen, Fertigungshallen usw. auch ein paar nicht betretbare Objekte „eingeweiht“, darunter eine Böllerkanone und ein Marterl. Eine öffentliche Toilette war ebenfalls dabei. In die kann man zweifellos hineingehen, doch fand ein Leser den Bericht damals trotzdem anstößig, freilich aus theologisch-liturgischen Erwägungen.

FOLGENDES ist Leser H. aufgestoßen. In einem Artikel zum 150. Geburtstag John Deweys wurde Sokrates als Schuster bezeichnet, eine Zuweisung, die nach Herrn H.s Erinnerung auf Bert Brechts durchtriebene Kalendergeschichte „Der verwundete Sokrates“ zurückgeht und falsch ist. Ob das Sprachlabor das richtigstellen könne? Nun, nach den hier vorliegenden Personalakten war Sokrates der Sohn eines Bildhauers und einer Hebamme. Den Beruf des Vaters erlernte er zwar, ließ die Steinhauerei aber zugunsten des Denkens über kurz oder lang hinten. Den Beruf der Mutter hingegen übte er auf seine Art aus, indem er die ihm eigene Dialogtechnik als *maieutiké* bezeichnete, als *Hebammenkunst*, weil durch sie die Wahrheit sozusagen entbunden werde. Was aber die Schuhmacherei angeht, so hatte Sokrates einen Nachbarn namens Simon, der *skytotómos* alias *Schuster* war. Über ihn steht im Kleinen Pauly, es sei müßig, seine Geschichtlichkeit erweisen oder widerlegen zu wollen. Damit können auch wir dieses Dossier abschließen.

WENN RENÉ JACOBS nach dreiunddreißig Jahren die Innsbrucker Festwochen verlässt, ist das unserem Feuilleton allemal einen Vierspalter wert. Dass Rossini darin Giacomo statt Gioacchino hieß, Telemann hingegen Georg Friedrich statt Georg Philipp, verbuchte Leser Dr. A. noch als ärgerliche Schludereien. Was er von der Sache her scharf zurückweist, ist die Behauptung, Rezitative hätten in traditionellen Aufführungen „wie von Kakerlaken zerfressener Schiffszwieback" geklungen. Das sei totaler Blödsinn, da Schiffszwieback überhaupt nicht klinge, noch weniger, wenn er von Kakerlaken zerfressen sei. Kleine Ergänzung unsererseits: Dass Kakerlaken sich an Schiffszwieback vergreifen, kann man aus „La Cucaracha" schließen. In dem Lied ist von einer Kakerlake die Rede, die kein Marihuana mehr hat, und wozu Kakerlaken auf Entzug fähig sind, kann man sich ja denken.

JAMAIKA SOLL SEHR SCHÖN SEIN. Die Insel beschert uns aber auch ein Problem, das sich ausnahmsweise nicht in einem Fehler unseres Blattes manifestiert, das aber auf besonderen Wunsch von Leser K. hier kurz erörtert sei. Es geht um die korrekte deutsche Aussprache des Landesnamens. Die Verunsicherung K.s und anderer hat ihre Quelle im Fernsehen, wo gerade in jüngster Zeit, als jamaikanische Läufer im Fokus der allgemeinen Aufmerksamkeit standen, ständig die Versionen „Dschamaika" oder, noch etwas englischer, „Dschämejka" zu hören waren. Nun, da stellen wir uns mal janz dumm und fragen bei Google nach, was es mit diesem Wort auf sich hat. Jamaika kommt vom arawakischen *Xaymaca* oder *Chaymakas*, was Quellenland oder Holz- und Wasserland bedeutet – und wer unter unseren Lesern Arawakisch kann, der trete nun vor oder schweige für immer. Um die Sache zum Ende zu bringen, so gibt es keinen vernünftigen Grund, Jamaika englisch auszusprechen, so wenig wie es einen vernünftigen Grund gibt, „Barbejdos" zu sagen, wenn man die Insel der Bärtigen (portugiesisch: *os barbados*) meint. Das wussten schon die Flippers, als sie „Die rote Sonne von Barbados" herausbrachten: Hätten sie „von Barbejdos" gesungen, wären Metrum und Erfolg beim Teufel gewesen. Wir sagen also, wie es ja auch schon im Duden geschrieben steht, weiterhin „Ja|mai|ka": *ja* wie Januar, *mai* wie Mai und *ka* wie kaffeebraun, denn so sind, laut Vico Torriani „die Jamaika-Frau'n".

12

ÜBLICHERWEISE geht es in dieser Rubrik um Fragen des Deutschen, doch da sich das Streiflicht unlängst dazu verstieg, die Tomate aus der Sprache der Inka herzuleiten, muss heute kurz das Nahuatl gestreift werden. Das nämlich ist, wie kundige Leser anmerkten, der Boden, auf dem die *xitomatl* einst heranreifte, aber es war nicht die Sprache der Inka, sondern der Azteken. Um von ihr einen ungefähren Begriff zu geben, entnehmen wir dem hoffentlich korrekten Wikipedia-Artikel die Übersetzung des Satzes „Ihr ehrenwerten Menschen könntet gekommen sein und euch eure Nasen gestoßen haben, so dass sie bluten, aber tatsächlich habt ihr es nicht getan." Auf Nahuatl kann man das mit einem einzigem Wort sagen, einem sehr langen allerdings: „nehualmoyecastemojmolunijtzinutinemisquiöni." Sieht gut aus, spricht sich aber verdammt schwer.

WAS DAS EPIZENTRUM mit dem Quantensprung verbindet, ist der Umstand, dass beide ein Zweitleben führen. Darin wird der Quantensprung als gewaltiger Fortschritt verstanden, wenn nicht sogar als Meilenstein, obwohl er sich in Wirklichkeit doch in der winzigen Welt der Atome abspielt. Das Epizentrum hingegen führt sein zweites Leben als Zentrum, das es aber mitnichten ist: Epizentrum kommt aus dem Griechischen und meint das Gebiet über dem Erdbebenherd, *epí kéntro*. Im Bericht über den verkehrsberuhigten Times Square hatte es geheißen, dieser sei vorher „das Epizentrum des New Yorker Verkehrsinfernos" gewesen, eine Definition, aus der Leser Dr. W. den Schluss zog, das Chaos habe sich möglicherweise unter Tage abgespielt. Die *Zeit* hatte, kundig auch hierin, das Weiße Haus einmal als „so etwas wie das Epizentrum erotischer Erdbeben" apostrophiert und war mit diesem Beleg in den Duden gekommen. Ein Quantensprung? Könnte man so sagen.

MIT DEN ZEICHEN geht man heutzutage vorsichtig um, weil man schneller, als einem lieb ist, auf dem weiten Feld der Semiotik landet und womöglich nie mehr herausfindet. Aus diesem Grund sei behutsam aufgegriffen, was Leser G. zur Debatte anbietet, nämlich eine Stelle aus unserem Feuilleton. Darin waren René Magrittes Gemälde als Bilderrätsel bezeichnet worden, „bei denen Zeichen und Bezeichnendes zusammenstoßen". Herrn G.s Verdacht geht nun dahin, dass der Autor die Partizipien durcheinandergebracht habe und dass bei Magritte Zeichen und Bezeichnetes zusammenstießen. Bei dem Versuch, uns „schlau zu machen", sind wir ebenfalls zusammengestoßen, nämlich mit einem Gebirge von klugen Erörterungen, in denen es von Leuten wie Aristoteles, Frege und Saussure, von Begriffen wie Arbitrarität, Signifié und aliquid pro aliquo nur so wimmelte. Dabei wiederum haben sich ein paar Geröllbrocken gelöst, die wir in Hinsicht auf Magritte mal so zusammenlegen wollen: Wenn der Mann eine Pfeife malt und darunterschreibt, das sei überhaupt keine Pfeife, dann gerät der Gegenstand Pfeife mit dem Wort Pfeife in Konflikt, dann stößt also das Bezeichnete mit dem Bezeichnenden zusammen. Zeichenhaft, irgendwie.

DAS SPALTEN VON HAAREN gehört, sofern es von Rankünefrei ist, zu den schöneren Übungen, und in diese Disziplin schlägt wohl auch die Frage des Lesers Dr. G., ob Joseph Haydn wirklich, wie im Blatt berichtet, „am Pfingstsonntag vor 200 Jahren starb". Halten wir uns an die Fakten: Haydn starb am 31. Mai 1809 in seinem Haus in der Kleinen Steingasse im Windmühlgrund, heute Haydngasse im 6. Wiener Gemeindebezirk, und zwar laut Kirchenbuch an Entkräftung. Dieser 31. Mai war aber nicht der Pfingstsonntag, sondern der Mittwoch nach Trinitatis. Pfingsten wurde am 21./22. Mai gefeiert, auch das ein historisches Datum, weil an diesen zwei Tagen die Schlacht bei Aspern geschlagen wurde. Der Vollständigkeit halber sei erwähnt, dass bei dieser Schlacht Napoleons Freund, der General Jean Lannes, von einer Kanonenkugel getroffen und schwer verwundet wurde. Er starb am selben Tag wie Joseph Haydn, allerdings am Wundbrand und in Kaiserebersdorf, heute 11. Wiener Gemeindebezirk. So viel in Kürze zum Mai vor 200 Jahren.

DASS EINST NICHT DIE OCHSEN die Kühe „besamten", sondern die Stiere, wurde im Blatt an anderer Stelle bereits richtiggestellt. Zweierlei wäre nachzutragen. Zur Sache selbst: Das Besamen fand in aller Regel nicht auf der grünen Wiese statt. Die wenigsten Bauern hatten einen eigenen Stier, weshalb sie ihre Kühe, wenn diese „stierig" waren, einem erprobten Stier zuführten, der, was nach Lage der Dinge zu tun war, dann im Gehege des Vierseithofes besorgte. Zum Sprachlichen: Man sagt zu diesem Vorgang besser *bespringen* oder *decken*; das Besamen erledigt üblicherweise der Techniker von der Besamungsanstalt, ein Mann, den man auch den „Rucksackstier" nennt.

IM SPRACHLABOR herrscht selten Hektik. Sie bricht aber zuverlässig aus, wenn außersprachliche Gegenstände zur Untersuchung einlangen, womöglich noch dazu solche mit mathematischem oder technischem Bezug. Das geschah kürzlich, als sich Leser Sch. an der Formulierung stieß, Herbstmeister Hoffenheim sei nach dem Winter abgestürzt „wie ein Skiflieger ohne Thermik". Seinem Verständnis nach greift dem Skiflieger zwar gelegentlich der auf den Hang auftreffende Wind unter die Arme, aber mit der Thermik, wie der Segelflieger sie nutzt und schätzt, habe das nichts zu tun. Dem wollten wir uns anschließen und den Kollegen von der Sportredaktion höhnisch zurufen, wo denn bei der Eiseskälte bitte eine Thermik herkommen solle, doch dann entdeckten wir im Archiv einen gut abgehangenen Text aus der Zeit, in dem sich der Skiflieger und Schanzenbauer Heini Klopfer zu der Sache äußerte. Was man brauche, sagte er, sei ein guter Schnee, wenig Wind und viel Sonne, von dieser aber nicht zu viel, „denn heute wissen wir, dass nur ein Aufwind (Thermik) von etwa zwei Metern je Sekunde ideal ist". Tja, was nun? Sicher scheint nur eines zu sein: dass die sprichwörtliche heiße Luft zu ihrer Entstehung weder Schnee noch Wind noch Sonne braucht.

DAS ARABISCHE sei ein Meer, sagt im Internet ein nicht näher identifizierter Jussuf Bascha. Das ist sicher richtig, und ebenso wahr ist, dass die wenigsten Deutschen in diesem Meer zu schwimmen verstehen. Daraus resultieren allerlei Fehler, unter anderem der von unserem Leser S. gerügte, wonach Lars Lökke Rasmussen einmal „als Mudschaheddin verkleidet" durch Afghanistan gezogen sei. Der falsche Plural ist zwar nicht so augenfällig, wie wenn man schriebe, „der Paparazzi" habe wieder mal zugeschlagen. Blamabel ist er dennoch, nicht zuletzt deswegen, weil Arabisch, wie Herr S. süffisant anmerkt, kein Idiom ist, „das in Papua-Neuguinea auf einer Waldlichtung von 245 Menschen gesprochen wird“. Wir merken uns für den Glaubens-/Gotteskrieger: der Mudschahed, die Mudschaheddin, wobei dieser Plural Herrn S. zufolge mit nur einem „d“ zu schreiben ist.

DIE KULINARISCHEN URTEILE der SZ-Kostprobe sind uns so heilig wie die musikalischen des Feuilletons. In allen anderen Punkten soll man aber auch mit dieser Kolumne rechten, und darum sei rekapituliert, was in ihr kürzlich über ein Moosacher Wirtshaus geschrieben wurde: Dieses sei insofern schon immer etwas Besseres gewesen, als es bereits anno 1442 „Täfernhaus“ genannt worden sei und dieser Ausdruck sich vom „Tafeln“ herleite. Das ist ungefähr so stichhaltig, wie wenn man behauptete, das „Wirtshaus“ komme vom „Würzen“. Tatsächlich ist das „Täfernhaus“ auf das lateinische Wort *taberna* zurückzuführen, das *Hütte, Kramladen* oder *Gasthaus* bedeutet. In Bayern, wo die Römer starke Spuren hinterlassen haben, gab und gibt es bis heute „Gast- und Tafernwirtschaften“, die es lohnen, in die Tat umzusetzen, was der Archipoeta in seiner Vagantenbeichte so formuliert hat: „Meum est propositum / in taberna mori, / ut sint vina proxima / morientis ori.“ Frei übersetzt heißt das: „Mein Begehr und Willen ist, / in der Schenke sterben, / wo mir Wein die Lippen netzt, / eh sie sich entfärben.“

12 **WAS WAREN DAS** noch für gemütliche Zeiten, als man in den Zeitungen mit dem arbeiten konnte, was im bairisch-österreichischen Raum „Kursiverl“ genannt wurde. Darunter verstand man ein glossierendes Textchen von nur wenigen Zeilen, das für eine Nachricht zu persönlich und für einen Kommentar zu unwichtig war. Beides, die Nichtigkeit wie auch deren individuelle Präsentation, signalisierte man

dem Leser dadurch, dass man die Kursivschrift verwendete. Die sieht so aus: *kursiv*. Ungeachtet dessen, dass sie eine lange Geschichte und schon deswegen eine gewisse Würde hat, ist mit der Kursivschrift heute kein Blumentopf mehr zu gewinnen. Sie zählt zu den „Auszeichnungsschriften", doch so prächtig, wie sich das anhört, ist es damit in der Wirklichkeit nicht bestellt. Die meisten Blätter beschränken sich darauf, sie für Namen von Medien – *Handelsblatt* – und für Zitate aus fremden Sprachen zu verwenden: *si tacuisses* und so Sachen. Wozu der Lärm? Nun, kürzlich wollte ein Streiflicht-Schreiber das, was in der gesprochenen Rede durch Anheben der Stimme oder Hochrecken der Faust ausgedrückt wird, auch in der Schrift darstellen, und er wählte dafür die Kursive: „Man stellte sich vor, man *musste* sich vorstellen." Bei uns ging das durch, nicht jedoch beim Leser A. aus Wien, der uns „missbräuchlich angewandte Kursiv-Schreiberei" vorhielt und damit drohte, dass es, sollte „dieses Generve auch vor dem Allerheiligsten" nicht haltmachen, „einen Leser aus dem befreundeten Ausland weniger" gebe. Das ist jetzt das, was man eine Bredouille nennt. Einerseits kann man jemandem, der das Streiflicht für das Allerheiligste hält, nur schwer widersprechen. Andererseits handelt es sich bei Herrn A. um einen Dichter, der in seinen Gedichten auch gelegentlich zu einer Auszeichnungsschrift greift, nur eben nicht zur Kursive, sondern zur Sperrung. Was übrigens den Titel „Streiflicht" betrifft, so schreiben wir ihn, wenn auch nicht in diesem Büchlein, nach altem Hausbrauch ebenfalls gern kursiv: *Streiflicht*. Fürs Allerheiligste ist uns nichts zu schade.